Hans J. Mayland

Buntbarsche des Tanganjika-Sees

Artenbeschreibung,
aquaristische Haltung und Zuchtverhalten

Mit 8 Farb- und 8 Schwarzweißtafeln
auf Kunstdruck, 61 Fotos, 1 Karte
und 51 Abbildungen

Lehrmeister-Bücherei Nr. 85
Albrecht Philler Verlag · 4950 Minden

Bildnachweis

Umschlagbild: *Lamprologus leleupi,* wie ihn unser Titelfoto zeigt, zählt zu den begehrtesten Cichliden aus dem Tanganjika-See.
Farbfoto: H. J. Richter

Dr. H. R. Axelrod: Foto 1, 3, 4, 39, 40
Erhard Frischmuth: Foto 29, 30
Hilmar Hansen: Foto 25, 26, 35, 36, 44, 47, 61
Wolfgang Hirschfeld: Foto 15, 19, 43; Farbtafel IV: Foto 3, 5, 6
Heinrich Jung: Foto 16—18
Burkard Kahl: Foto 22, 24, 34, 37, 46, 52, 53; Farbtafel IV: Foto 1, 2, 4
Loiselle: Foto 5
Hans J. Mayland: Foto 8, 20, 32, 38; Farbtafel II: oben; Farbtafel VI;
    Foto I, II, VI, VII
H. J. Richter: Foto 21, 27, 56, 57, 59; Farbtafel I: oben; Farbtafel III: oben;
    Farbtafel V: unten; Farbtafel VII: Foto 2, 5, 6; Farbtafel VIII: Foto 5, 6;
    Foto IV, IX
Schmelzer: Foto 11—14, 45, 54, 55, 60; Farbtafel II: unten; Farbtafel VII: Foto 4;
    Farbtafel VIII: Foto 1; Foto III
Dr. Wolfgang Staeck: Foto 1
Stawikowski: Foto 9, 10, 23, 31, 42, 48, 49, 58; Farbtafel I: unten; Farbtafel III: un-
    ten; Farbtafel V: oben; Farbtafel VII: Foto 1, 3; Farbtafel VIII: Foto 2, 3, 4;
    Foto V, VIII
Werner: Foto 28
Christoph Zierz: Foto 41
Rainer Zieschang: Foto 33
Rudolf Zukal: Foto 6, 7, 50, 51

Richard Achilles: Kartographische Darstellung
Alois Bleichner: Abb. 1—7, 38
Inge Haselhuhn: Abb. 8—37, 39—51

© Albrecht Philler Verlag GmbH, 4950 Minden, 1982
Satz und Druck: Albrecht Philler Verlag, Minden
Bindearbeiten: Heinrich Altvater KG, Minden-Todtenhausen
ISBN 3 7907 0085 1

Inhaltsverzeichnis

Das Thema „Buntbarsche" umfaßt insgesamt drei Bände. Außer
dem vorliegenden Band sind vom gleichen Verfasser noch zwei
weitere erschienen:

▶ Buntbarsche Ost- und Westafrikas
  Lehrmeister-Bücherei Nr. 84

▶ Buntbarsche des Malawi-Sees
  Lehrmeister-Bücherei Nr. 86

Vorwort

Liebe Cichlidenfreunde!
Buntbarsche aus dem Tanganjika-See sind die Fische, um die es in diesem Band geht.

Im Gegensatz zum Malawi-See ist der Tanganjika-See noch länger und vor allem noch tiefer. Er hat zwar auch einen Abfluß (zum Kongo/Zaire), doch ist dieser nicht gegenüber „Einwanderern" aus dem System des Kongo verschlossen, wie dies beim Malawi-See durch die Wasserfälle des Shire River der Fall ist. So haben Fische des Kongo-Systems die Möglichkeit, über die Lukuga-Rinne in den Tanganjika-See vorzudringen. So ein Vordringen geschieht nicht „in einem Zug", sondern periodisch, so daß die Fische, denen die Reise gelingt, auch die Zeit haben, sich auf die geänderten aquatischen Verhältnisse einzustellen. Wie bekannt sein dürfte, führt der Kongo/Zaire ein sehr weiches, unterschiedlich saures Wasser. Das des Tanganjika-Sees hingegen ist mittelhart, doch liegt sein pH-Wert bei 9,0!

Ob die aquaristische „Wut" einiger Zierfisch-Fans in den letzten Jahren nachgelassen hat, kann man nicht pauschal beurteilen, doch im Zeitalter der vielen Teuerungen ist jedenfalls das Reisen in die anliegenden Länder Afrikas nicht nur sehr teuer geworden, sondern auch fast nicht mehr durchführbar. Letzteres allein auf der Tatsache beruhend, daß man vielleicht noch hier und dort ein Auto leihen kann, unterwegs an von den wenigen Zentren entfernten Orten aber kaum noch Treibstoff erhalten wird. So können nur noch wenige Punkte am See ohne größere Schwierigkeiten erreicht werden: Die Hauptstadt Burundis, Bujumbura, mit ihrem Jet-Flughafen und am südlichen Seeufer die Kasaba Bay, zu deren Erreichen jedoch ein langer Weg über Zambias Hauptstadt Lusaka in Kauf genommen werden muß.

Trotz all dieser vielen Schwierigkeiten sind die Exporte aus eben diesen See-Landschaften bisher nicht ausgeblieben, so daß

die Cichlidenfreunde auf die vielen schönen und in ihrer Verhaltensweise gerade so interessanten Arten nicht verzichten
müssen. Auch hier hat es in den zurückliegenden Jahren die eine oder andere Neuheit gegeben, nur machen es die angeführten Umstände schwer, in den weiten Lebensbereichen der
Buntbarsche im See Ausschau nach neuen Arten zu halten.

Oberursel, 1982

Hans J. Mayland

Einführung

Der Tanganjika-See ist ein Teil des afrikanischen Grabensystems, dem er näher verbunden ist, als etwa der weitaus isoliertere Malawi-See. Unter „näher verbunden" verstehe ich diese geringere Isolation, die von mir im Vorwort schon aufgegriffen wurde und die sich durch das gesamte Buch ziehen wird. Durch den Zulauf des großen Malagarasi-Flusses von seiner Ostseite und die Verbindung mit dem Kivu-See im Norden, wie auch dem Abfluß über die Lukuga-Rinne zum Kongo/Zaire sind weit mehr Verbindungen zur Außenwelt offen, was sich im Vorhandensein einer größeren Gattungs- und Artenzahl ausdrückt. In diesem Buch sollen nur die Buntbarsche behandelt werden, die im See vorkommen, gleichgültig, ob sie auch noch andere Gewässer Afrikas bevölkern.

Das afrikanische Grabensystem

Ostafrika, heute ein Besuchsziel Tausender von Touristen, gibt schon einen großen Einblick in die Landschaft des sogenannten Grabensystems. Viele der berühmten Tierreservate liegen inmitten dieses Grabenbereiches, der sich praktisch schon vom Libanon bis hinunter nach Moçambique erstreckt und auf der Welt seinesgleichen sucht. Allein die Tiefengräben der Weltmeere sind ihm vergleichbar. Der für die Aquaristik interessante Teil des Grabens beginnt am früheren Albert-See in Uganda. Er zieht sich in linksgerichtetem Bogen östlich der Virunga-Vulkankette mit ihren teilweise noch aktiven Kratern bis zum Kivu-See und erreicht darauf in den Tiefen des Tanganjika-Sees seine Fortsetzung. Dieser zweittiefste See der Erde (1460 m), mit Bujumbura, der Hauptstadt von Burundi am nördlichen und der Kasaba Bay in Nordsambia am südlichen Ende, läßt mit seiner großen Nord-Süd-Ausdehnung den Graben am deutlichsten erkennen. Über die Ruaha-Senke mit dem Rukwa-See folgt das Hauptsystem südöstlicher Richtung, bis es in den

Malawi-See, den früheren Njassa-See, übergeht. Auch dieser See hat eine in Nord-Süd-Richtung gestreckte Form, ist aber „nur" etwa 790 Meter tief. In der Straße von Moçambique, die den afrikanischen Kontinent und Madagaskar trennt, dürfte dieser Graben enden. Die Wissenschaft hat ermittelt, daß dieser tiefe Meeresgraben, der die Rieseninsel Madagaskar vom afrikanischen Kontinent abschnitt, bereits vor etwa 75 Millionen Jahren entstanden ist.

Die Meinungen aus dem Bereich der Geologie, wie dieser Graben entstanden ist und ob der Zusammenhang mit einem Grabensystem als gerechtfertigt anzusehen ist, gehen sicher auseinander. Einigkeit besteht dagegen, daß zwischen zwei Bruch- oder Verwerfungszonen absinkende Teile der Erdkruste zu seiner Entstehung geführt haben. In unserer heutigen Zeit, in der die Hinwendung zur Natur unverkennbar ist und Touristik-Organisationen nach immer neuen abenteuerlichen Reisezielen suchen müssen, bietet der afrikanische Graben mit seinen unterschiedlichen und oft atemberaubenden Naturschönheiten ein unendlich großes Zielgebiet für Naturfreunde, zu denen man ja sicher auch uns Aquarianer zählen kann.

Die riesigen Vogelscharen der Natronseen in Kenia und Nordtansania locken schon seit vielen Jahrzehnten die Besucher aus aller Welt an. Der hohe Gehalt dieser Gewässer an alkalischen Salzen macht es anderen Lebewesen beinahe (!) unmöglich, darin zu leben. Jedoch bieten, in Verbindung mit der direkt über dem Äquator einstrahlenden Sonne, die harten Gewässer dieser Natronseen einen ausgezeichneten Lebensraum für bestimmte Algen (Cyanophyceae), die sich so stark ausbreiten, daß man das Wasser an den Seerändern mitunter für reine Erbsensuppe halten könnte — so grün ist es. Von diesem Algenfutter leben tausende von Flamingos, die mit ihrem speziell dafür entwickelten Seihschnabel die feinen Algen aus dem Sodawasser filtern. Diese Soda-Seen und -Sümpfe dienen aber tatsächlich auch einigen wenigen Fischarten als Heimat. Durch verschiedene

Berichte wurde der Magadi-See bekannt, der die zweitgrößte Fläche festen Natriumkarbonats unserer Erde umfaßt. Auch er unterlag einem Schrumpfungsprozeß, wie viele andere Seen im Grabenbereich, und hatte vor vielen Jahren einmal eine Tiefe von etwa zwölf Metern. Durch starke Sonneneinstrahlung und die daraus resultierende enorme Wasserverdunstung einerseits und zu geringe Wasserzufuhr andererseits, ist der See heute zu einem riesigen Salzlager geworden. Sein Wasserstand kann heute an vielen Stellen nur noch in Zentimetern gemessen werden. Entsprechend konzentriert ist der Gehalt an Mineralstoffen. Die Wassertemperatur in diesem See schwankt in den verschiedenen Regionen, bedingt durch heiße Quellen, die an manchen Stellen entspringen, zwischen 20 Grad Minimum- und etwa 45 Grad Maximum-Temperatur! Das ist aber noch nicht alles. Aufgrund der heißen Quellen, die dem See täglich über 4000 Tonnen Soda zuführen, hat das Wasser einen weitaus höheren pH-Wert als Meerwasser, nämlich bis zu 10,5 (Meerwasser bis zu 8,3)! Seine Dichte entspricht etwa der des Meerwassers.

In diesem Wasser lebt der Buntbarsch *Oreochromis alcalicus grahami* (BOULENGER), ein Cichlide, der seine Lebensgewohnheiten in einem langen Evolutionsprozeß den lebensfeindlichen Umweltbedingungen in diesem See angepaßt hat. Die kleinen Maulbrüter legen Laichgruben an, die von den Männchen im weichen, schlammigen Boden ausgehoben werden. Die Gruben haben, zumindest auf diesem weichen Untergrund, mehrere Terrassen. Ihr Durchmesser schwankt zwischen fünf und knapp 20 cm. Die Fische leben normalerweise in bis zu 38 Grad warmem Wasser, durchschwimmen aber auf der Flucht auch wärmere Regionen. Auch hat man schon Weibchen beobachtet, die während des Brütens sogar in 44° C warmem Wasser eine Zeitlang stillstanden.

GEWALT berichtet (1966) über die (vermutliche) Art *Oreochromis leucostictus,* die in abgekühlten Gewässern neben den heißen Quellen des Semliki-Flusses (Uganda) vorkam. Die Tiere leben überwiegend im Temperaturbereich von 27° C bei einem pH-Wert von 7,5, verweilen auf der Flucht minutenlang in 40–50 Grad warmem Wasser und durchschwimmen dabei sogar eilig 70 Grad warme Zonen mit einem pH-Wert von 9,0!

Wenn gelegentliche starke Regenfälle die Dichte und den pH-Wert des Wassers mindern, so setzt bei den Fischen eine wahre Bevölkerungsexplosion ein. Sie haben in diesem extrem flachen Gewässer aber eine Menge Feinde unter den Vögeln, weshalb ihre Anzahl bald wieder auf ein gewisses Maß reduziert wird. Im Jahre 1962 vermehrte sich *Oreochromis alcalicus grahami* infolge hohen Wasserstandes so stark, daß sich selbst die ewig hungrigen Pelikane veranlaßt sahen, hier zu brüten. Die etwa 20 000 Pelikanpaare, die sich bald angesiedelt hatten, hatten immerhin einen täglichen Futterbedarf von rund 30 Tonnen! Man kann sich vorstellen, wie groß die Vermehrung der Fische gewesen sein muß, aber auch, wie lange der ganze „Spaß" angedauert haben kann.

Die Wasserwerte aller Seen im Bereich des afrikanischen Grabens liegen im alkalischen Bereich, das heißt, ihr pH-Wert liegt stets über dem Neutralwert von 7,0! Wenn die veröffentlichten Messungen auch oft recht unterschiedliche Ergebnisse aufweisen, so steht doch fest, daß die Seen dieser Kette offenbar von Süden nach Norden mineralhaltiger werden. So liegen etwa die Mikro-Siemens-Angaben, bezogen auf 20° C Wassertemperatur, beim Malawi-See um 220, beim Tanganjika-See um 610, beim Eduard-See um 1000, im Albert-See (vorerst Lake Mobutu Sese Seko) um 1400 und schließlich im weniger fischreichen nördlichen Rudolf-See sogar um 3000! Messungen der deutschen Gesamthärte ergeben unterschiedliche Ergebnisse. Man kann sie als mittelhart bezeichnen, auch wenn die Gesamthärte bisweilen nur mit etwa 5 angegeben wird. Eigene Messungen im nördlichen Teil des Tanganjika-Sees ergaben Werte, die etwa um 11 lagen, und das nicht nur bei einer Messung. Verschiedene pH-Wert-Messungen im Malawi- wie im Tanganjika-See ergaben Werte zwischen 7,8 und 8,5 für das Wasser des ersteren sowie ziemlich konstante Werte um 9,0 für den letzteren.

Der Kivu-See fehlt in diesen Angaben. Das hat seinen Grund. Er entstand nicht auf dem gleichen Weg, wie er für die übrigen Seen des Grabensystems angezeigt wurde, sondern durch Aufstauung eines Flußlaufes aufgrund vulkanischer Tätigkeit. Die Lavaströme des Virunga-Vulkangebietes schufen einen Damm. Noch heute sind zwei Vulkane aus dieser Kette in Tätigkeit, der Nyamulagira und der Nyiragongo, und die Zeugnisse ihrer beiden letzten Ausbrüche in den Jahren 1938 und 1948 kann man jetzt noch in der Nähe von Goma besichtigen. Eine Fischfauna, wie wir sie etwa aus dem Tanganjika-See kennen, gibt es im Kivu-See nicht. Erst in letzter Zeit hat sich die Natur einen Weg gebahnt, indem sie für den Kivu-See einen Abfluß zum Tanganjika-See schuf und für diesen einen Abfluß zum Kongo. Da jedoch diese Fischfauna im Kivu-See durch Jahrmillionen mit dem Eduard-See und dem Nil verbunden war, ist es auch bis heute noch dabei geblieben.

Der Tanganjika-See

Er ist der aus europäischer Sicht am nächsten liegende der beiden großen afrikanischen Cichliden-Seen. Außerdem grenzt sein Westufer überwiegend an Zaire (früher Belgisch-Kongo). Da die Belgier viel für die Erforschung der Fischfauna im Bereich des Kongo-Beckens und des Tanganjika-Sees getan haben, verwundert es nicht, daß viele Cichliden-Arten schon lange vor dem 2. Weltkrieg gute Bekannte einiger Aquarianer waren. Der See bezieht sein Wasser aus verschiedenen Zuflüssen, von denen der Malagarasi-Fluß, der ein großes Sumpfgebiet in Tansania entwässert und südlich von Kigoma in den See fließt, der größte ist. Einst strömte dieser Fluß geradewegs in den Kongo, bis sich der Boden hob und der Graben einbrach. Im Norden wird über den Rusisi-Fluß der Kivu-See entwässert. Einziger Abfluß des Tanganjika-Sees selbst bildet nur die kleine Lukuga-Rinne, die das Seewasser direkt in den Kongo leitet.

Im Gegensatz zu vielen anderen afrikanischen Seen ist das Wasser des Tanganjika-Sees völlig klar. Die meisten Zuflüsse

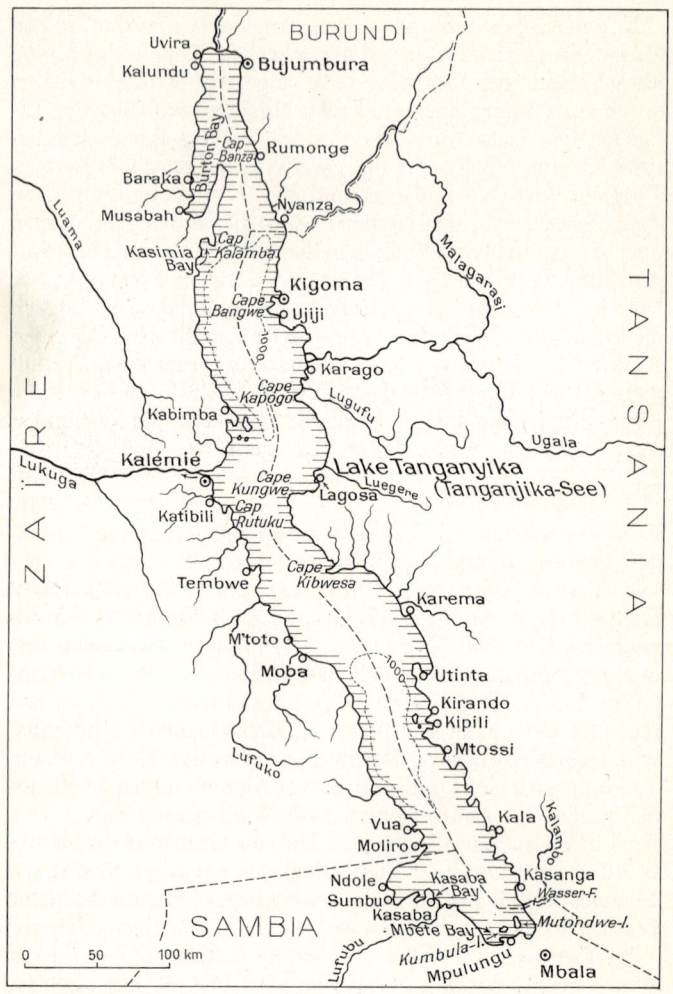

12

Foto 1   Fischreichtum im Tanganjika-See in nur 5 m Tiefe. Man erkennt *Lamprologus brichardi* und *Julidochromis marlieri*

kommen aus Gebieten mit Sandzonen und bringen keinen Schlamm mit. Darüber hinaus stammen sie aus sauren Böden, so daß sich Mikroorganismen im Wasser kaum vermehren und so eine Trübung hervorrufen können. Das Leben der Fische im See spielt sich überwiegend in Tiefen bis zu etwa 60 Metern ab. Das hat trotz der großen Tiefen des Sees von über 1400 Metern seinen Grund, weil das Wasser in den tieferen Schichten wegen seiner Anreicherung mit Schwefelwasserstoff für die Fische zu einem lebensfeindlichen Raum geworden ist.

Die Zahl der im Tanganjika-See vorkommenden Cichliden-Gattungen ist knapp doppelt so groß wie die des Malawi-Sees, doch ist der Artenreichtum des früheren Njassa-Sees, soweit bis jetzt bekannt ist, um etwa 60 Arten größer. Da der See praktisch Jahrtausende von der Umwelt abgeschnitten war, bildete sich der überwiegende Teil seiner Fischbewohner zu endemischen, also nur hier vorkommenden Formen heran. Obgleich ein Teil der Arten zur Gattung *Haplochromis* zu stellen ist, weisen die einzelnen Artengruppen viele gravierende Unterschiede auf. Weiter sehr stark verbreitet ist die Gattung *Lamprologus*. Bei vielen, zu diesen beiden Gattungen gehörenden Arten weist das tiefgespaltene Maul auf eine räuberische Lebensweise hin. Darüber hinaus ernähren sich die meisten Arten, die im Bereich der Uferzone leben, auf unterschiedliche Art. Viele sind Pflanzenfresser, die sich überwiegend vom Aufwuchs auf den Steinen ernähren. Andere leben von kleinem Krebsgetier, von Insekten, und planktonartigem Kleinstfutter. Entsprechend unterschiedlich sind auch die Gebisse der Tiere ausgebildet. Hierbei ist es zu vielen, auffallend extremen Formen gekommen. Erwähnt seien nur die teilweise immens dicken und aufgeworfenen Lippen, die in ihrer Mitte einen dornenartigen Fortsatz tragen *(Lobochilotes labiatus)*. Ein anderes Unterscheidungsmerkmal, das sofort ins Auge fällt, stellt die unterschiedliche Körperbauweise dar. Hierdurch unterscheiden sich in erster Linie die Fische des freieren Wassers an der Uferzone von den Bodenbewohnern. Letztere haben einen nach unten hin stark abgeflachten Körper sowie verlängerte *innere* Flossenstrahlen an den Bauchflossen, die somit zu mehr stützenden als rudernden Organen umfunktioniert worden sind.

Foto 2   Die Fische des Tanganjika-Sees haben einen besonders gefräßigen Feind, den Tigersalmler oder Tigerfish *(Hydrocynus vittatus* CASTELNAU, 1861), der etwa 70 cm lang und 3–5 kg schwer wird. Man beachte das Gebiß!

Foto 3   Im Felslitoral gibt es überall Leben. Hier ein höhlenartiger Unterstand im Tanganjika-See

Abschließend kann man sagen, daß die Wissenschaft noch viel zu erforschen hat, will sie die letzten Geheimnisse des Sees lüften. Dazu gehört in erster Linie eine sinnvollere Zusammenarbeit der anliegenden afrikanischen Staaten untereinander. Messungen von aquatischen Verhältnissen etwa, wie man sie im Zusammenhang mit dem Wissen um die Ökologie für wünschenswert hielte, können immer nur in bestimmten Zonen, selten dagegen an einem gesamten See-Abschnitt mit beiden gegenüberliegenden Ufern gemacht werden. Viele Unsicherheitsfaktoren und politische Ungereimtheiten, wie man ihnen leider allzuoft noch in Afrika begegnet, spielen auch hier eine Rolle.

Tabelle der wichtigsten zentralafrikanischen Seen (nach FRYER & ILES)
(Ausdehnung, Tiefe und Fischvorkommen)

See	Anteil. Fläche d. Sees Land	km²	Max. Tiefe in m	Cichliden Arten total	Arten end.	Cichliden Gattungen total	Gattungen end.	Andere Gattungen total	Andere Gattungen end.
Viktoria-See	Uganda	28 400	93	170	164	8	4	20	1
	Kenia u. Tanzania	40 235							
	Total	68 635							
Tanganjika-See	Tanzania	13 000	1470	126	126	37	33	29	7
	Sambia	2 120							
	Zaire u. Burundi	18 880							
	Total	34 000							
Malawi-See	Malawi	20 700	706	200	196	23	20	19	1
	Tanzania u. Mozambique	8 904							
	Total	29 604							
Lac Mobutu-See-Seko (früher Albert-See)	Uganda	3 590	58	10	4	3	0	23	0
	Zaire	3 210							
	Total	6 800							
Lake Eduard Eduard-See	Zaire	1 715	117	28	19	5	1	10	0
	Uganda	610							
	Total	2 325							
Mweru-See	Sambia	2 590	37	12	4	6	0	30	0
	Zaire	1 823							
	Total	4 413							
Rukwa-See	Tanzania	3 302	64	2	1	2	0	13	0
Kivu-See	Zaire u. Ruanda	2 370	485	8–9	7–8	2	0	3	0
Bangweulu-See	Sambia	2 077	10	9	1	5	0	31	0
Chilwa-See	Malawi	673	?	5	0	3	0	6	0

Anmerkung: Da die Angaben Fryers größtenteils über zehn Jahre alt sind, muß berücksichtigt werden, daß sich die Zahlen leicht geändert haben. Zugänge (= Neubeschreibungen) und Abgänge (durch Revisionen) können das Bild leicht verwischen.

Spezialisierung der Arten und Anpassung an Lebensräume

Beim Studium der Buntbarschliteratur stößt man oft auf das Thema der Spezialisierungen, doch wird hier bevorzugt die Cichlidenwelt des Malawi-Sees erwähnt, obgleich die extremeren Beispiele sicherlich im Tanganjika-See zu finden wären. Wer die Daten der Erstbeschreibungen für Fische des Tanganjika-Sees mit denen von Südamerika vergleicht, wird feststellen, daß die meisten dieser Arten erst wesentlich später beschrieben wurden als die Südamerikaner. In Brasilien brauchte man beispielsweise nur den Amazonas aufwärts zu fahren, um bis nach Peru vorstoßen zu können. Um dagegen den Tanganjika-See über Land zu erreichen, waren viele Expeditionen notwendig, wodurch ja auch einige Forscher zu Ansehen gelangten. Erst lange Zeit darauf konnten Fischsammler zum See vordringen, um den Wissenschaftlern, falls sie nicht selbst eine Sammelreise vorzogen, das notwendige Bestimmungsmaterial zusammenzustellen.

WORTHINGTON hat in einer seiner Arbeiten einmal errechnet, daß etwa 5000 Generationen notwendig sind, um eine neue Art entstehen zu lassen. Der Autor legt dabei einen Zeitraum von zwei Jahren (nicht mit dem Höchstalter der Fische gleichzusetzen! Der Generationszeitraum bei Menschen wird mit 30 Jahren angesetzt.) zugrunde, woraus sich eine Zahl von 10 000 Jahren errechnen läßt. Wahrlich eine lange Zeitspanne, doch, gerechnet am langen „Vorleben" des Sees und seiner Bewohner nicht sonderlich erwähnenswert.

Nun haben sich die heute lebenden Arten sicher nicht in einer geraden Linie aus den Urformen entwickelt. Viele Faktoren spielen bei diesen unterschiedlichen Entwicklungsstufen eine Rolle. Da ist nicht allein das Wasser; da gibt es unterschiedliche Lebensräume nicht nur in der Breite, sondern auch in der Tiefe des Sees. Es gibt Fels-, Geröll, Sand- und Schilfzonen. Dazu

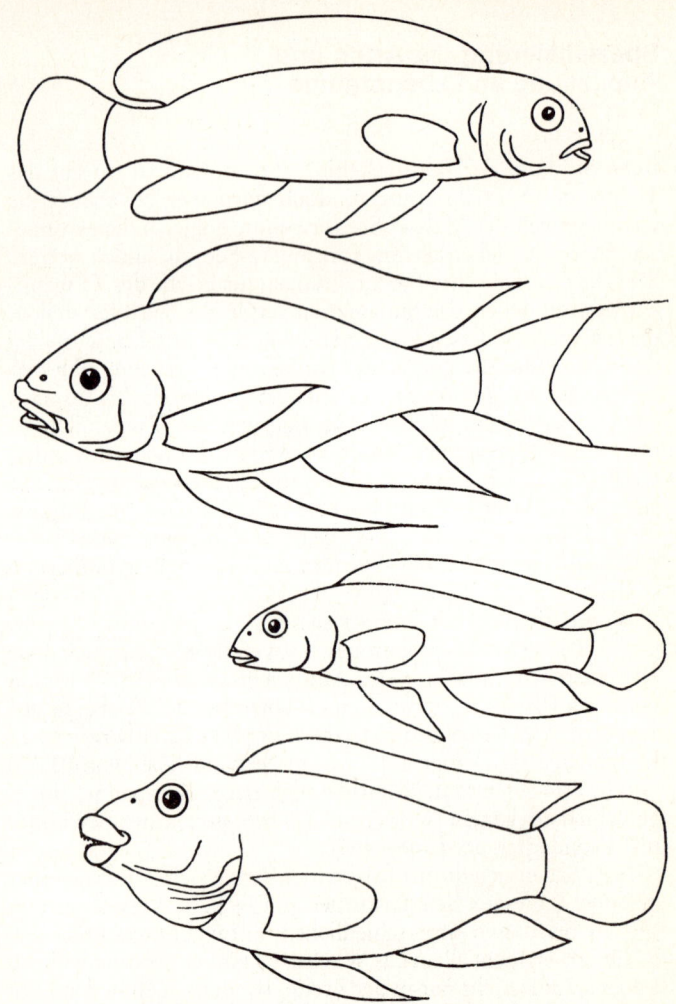

Abb. 1 Schon am Habitus kann man teilweise feststellen, wie und in welchen Regionen die Fische leben. Man erkennt von oben nach unten: *Telmatochromis vittatus, Ophthalmochromis nasutus, Julidochromis transcriptus* und *Spathodus marlieri (nach FRYER)*

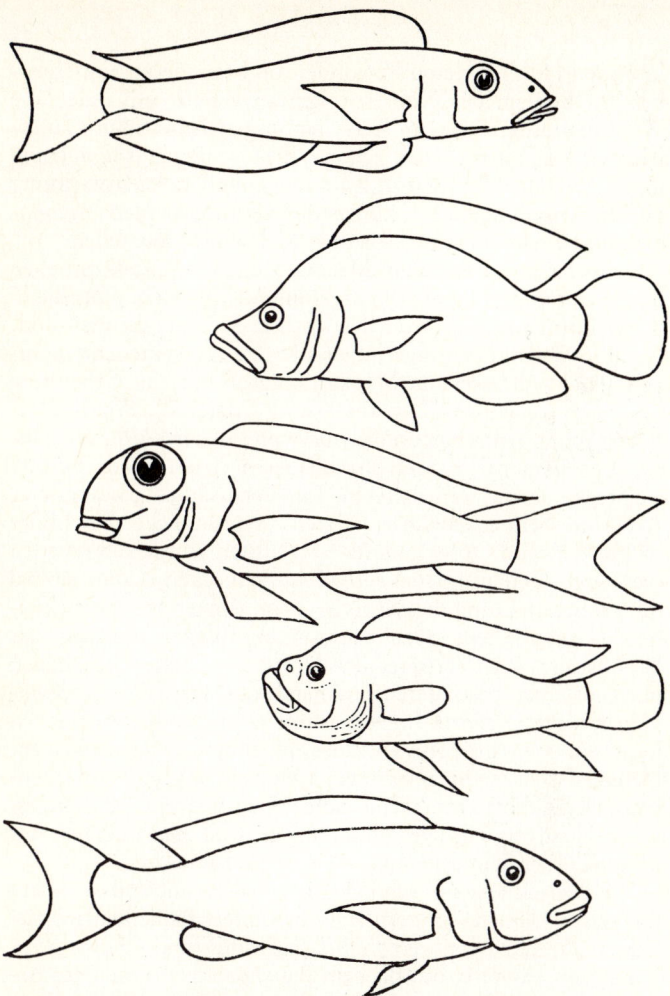

Abb. 2 *Xenotilapia melanogenys* lebt in Bodennähe (oben), doch ist sein Gattungsverwandter *X. sima* (Dritter von oben) durch seine Stützflossen (Innenstrahlen der Bauchflossen länger als Außenstrahlen) dem Bodenleben noch besser angepaßt. *Serranochromis angusticeps* (Zweiter von oben) erinnert in seinem Aussehen stark an *Lamprologus compressiceps* und ist wie dieser ein Räuber. *Telmatochromis caninus* lebt in der Felszone und hat ein aufwärts gerichtetes Maul (Zweiter von unten). *Boulengerochromis microlepis* (unten) lebt als Räuber und wird stattliche 80 cm lang (nach FRYER)

kommen Höhlen, deren Bewohner mit besonderen Sinnesgruben im Bereich des Kopfes ausgestattet sind, um ihnen die Wahrnehmung in diesem stets dämmrigen Lebensraum zu erleichtern. Zu diesen Arten gehören die Gattungen *Aulonocrana* und *Trematocara,* und man kann hier eine Parallelentwicklung zu den Arten mit ähnlich klingenden Gattungsnamen *(Aulonocara* und *Trematocranus)* aus dem Malawi-See feststellen.

Beim Vergleich mit dem Malawi-See fällt auf, daß es neben dieser erwähnten Parallelentwicklung noch weitere gibt, die in dieser Form auch bei Arten des Victoria-Sees zu erkennen sind. Es gibt Wulstlippenträger, Felsenkratzer, Insektenlarvenfänger, Planktonfresser mit Mäulern so groß wie ein „Scheunentor", Detritusfresser (Detritus = totes Material), Pflanzenlutscher, Schuppenfresser und Räuber von Fischen. Alle haben ihren Lebensraum im See. Die kleineren Arten haben bessere Verstecke als die wehrhafteren. Ein Versteck ganz besonderer Art sind Schneckenhäuser, deren ursprüngliche Bewohner möglicherweise Opfer anderer Spezialisten wurden. So dienen die leeren Gehäuse der *Neothauma*-Schnecken, kaum einmal mit größerem Durchmesser als 3–4 cm, einigen besonders kleinen Buntbarschen, allen voran *Lamprologus ocellatus,* als Wohnstube. Die Vertreter der *Neothauma*-Schnecken haben übrigens einen besonderen Freßfeind: die Welse der Art *Synodontis multipunctatus.* Im Aquarium kann man diesen Fischen leicht ein etwas größeres Gehäuse einheimischer Schnecken anbieten, das sie willig annehmen. Ohne ein solches Schneckenhaus bleibt die Vermehrung dieser Art sogar ein schwieriges, wenn nicht fragwürdiges Unterfangen, weil die Fischchen nur innerhalb der Schneckenhaus-Wohnstube ablaichen.

Viele Arten leben in schmalen Felsspalten und müssen nicht nur einen kleinen, sondern auch besonders schlanken Körper haben. Zu ihnen gehören die *Julidochromis*- und *Chalinochromis*-Arten. Andere, mit flachem Bauchprofil ausgestattete Arten sind auf ein Leben in Bodennähe spezialisiert. Zu ihnen gehören verschiedene *Lamprologus*-Arten und Vertreter der Gat-

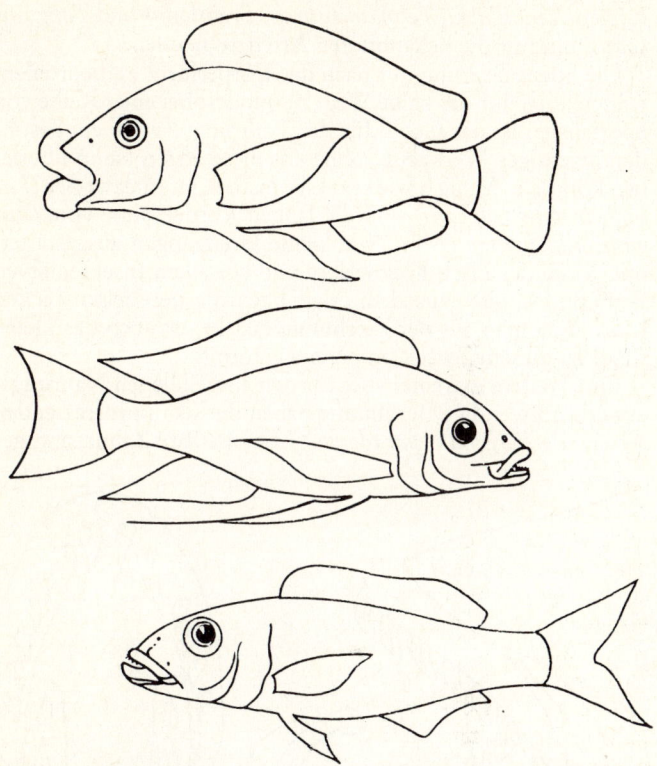

Abb. 3   In der Körperform sind auch diese drei Arten dem Leben und Nahrungserwerb angepaßt: *Lobochilotes labiatus* spürt mit den Wulstlippen Futtertiere in den Algenpolstern auf, *Cunningtonia longiventralis* bewohnt das Felsrevier der Litoralzone
und *Bathybates* ist ein groß werdender Räuber

tungen *Xenotilapia, Telmatochromis, Eretmodus* und *Tangani-codus,* um nur die bekanntesten Arten zu nennen.

Die Spezialisierung nur nach der Körperform zu beurteilen, wäre jedoch nur der halbe Weg. Zumindest bei einer Reihe von Spezialisten ist das Gebiß für den Nahrungserwerb ein besonders wichtiges Werkzeug, ohne das diese Arten kaum überleben könnten. Ähnlich wie sein Gegenstück im Malawi-See *(Labidochromis vellicans)* sind die langen Vorderzähne von *Tanganicodus irsacae* (Abb.) wie kleine Greifzangen ausgestattet, mit denen der Fisch Kleinkrebse und vor allem Insektenlarven vom Boden oder aus dem Algenbewuchs der Felsen picken kann. Wie man aus der Zeichnung ersieht, ist auch das kleine Maul zu diesem Zweck besonders geformt.

Eine weitere extreme, aber für den ausgefallenen Nahrungserwerb notwendige Bezahnung haben die schuppenfressenden Arten wie *Perissodus paradoxus* (Abb. 4). Ihre Zähne sind ge-

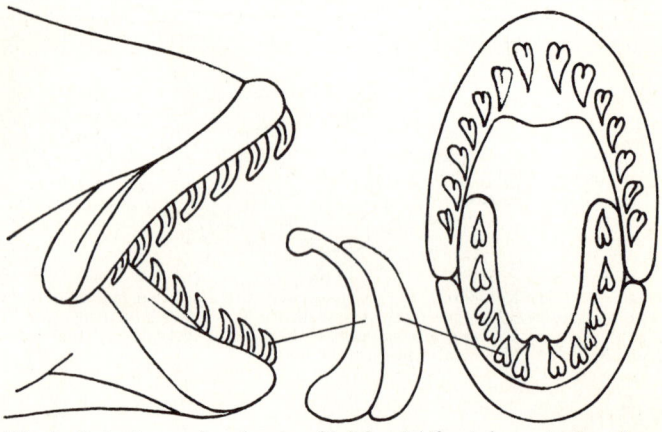

Abb. 4 *Perissodus paradoxus* hat ein gefährliches Gebiß, mit dem er, im Aquarium gehalten, auch dem Pfleger stark blutende Wunden beibringen kann. Normalerweise benutzt er seine Zähne, um anderen Fischen Schuppen und Haut- oder Flossenstücke abzubeißen (nach BOULENGER)

bogen oder stehen wie ein Meißel auf einem Stiel. Andere sind wie breite Spachteln geformt und wahrscheinlich für den gleichen Zweck verwendbar. Über derart passend gebaute „Werkzeuge" verfügen nicht nur Schuppenfresser, sondern auch normale Algenraspler, sobald sie, wie etwa die Arten der Gattung *Tropheus* oder *Petrochromis,* im Rahmen der Nahrungsaufnahme wiederum spezialisiert sind.

Nicht nur Greifzähne, auch Mahlzähne müssen besonders ausgelegt sein. So tragen die Fische, die sich überwiegend auf den Verzehr von Weichtieren (Mollusken) spezialisiert haben, besonders kräftige Kiefer und auch eine speziell ausgebildete Schlundbezahnung. Zu den bekanntesten Molluskenfressern des Tanganjika-Sees gehören *Astateochromis straelini* und *Lamprologus tretocephalus.*

Planktonfresser müssen kein riesengroßes Maul haben, wie wir es von *Gnathochromis permaxillaris* (Abb. 5) kennen. Die Vertreter der Utaka-Gruppe aus dem Malawi-See beweisen es. In unserem Fall schwimmt der Fisch mit weit geöffnetem Maul umher und fängt auf diese Art die treibende planktische Nah-

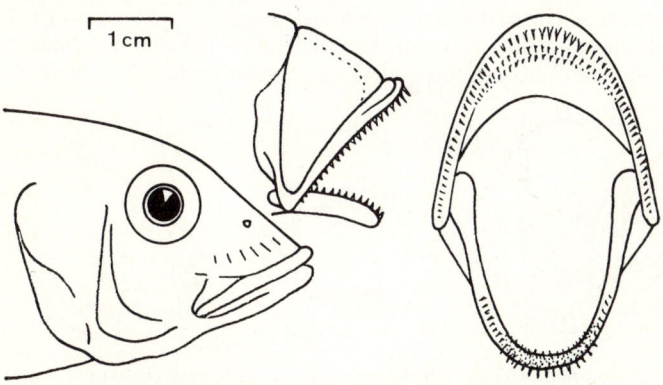

Abb. 5   Ein wahrhaft großes Maul hat der Planktonfresser *Gnathochromis permaxillaris.* Der Fisch kann das Maul weit „wie ein Scheunentor" aufklappen (nach POLL)

23

rung ein. Die im Vordermaul nach Art einer Harke angeordneten Zähnchen erinnern an die Fortsätze einer fleischfressenden Pflanze und dienen wohl in erster Linie dazu, beim Schließen des Maules ineinandergreifend das „Tor" wirklich dicht zu machen.

Ausgesprochene Raubfische, also Fischfresser, gibt es natürlich unter den Buntbarschen auch. Ihre Gestalt ist eher hechtförmig, also gestreckt. Zudem sind die Arten des Freiwassers, die sich mit Hilfe eines schnellen Überfalls, bei dem es oft auch zu einer kurzen Verfolgung kommen kann, mit einer großen Schwanzflosse ausgestattet. Dieses Antriebsmittel erlaubt, mit Hilfe einer schnellen, schlingernden Körperbewegung die Schwimmgeschwindigkeit enorm zu steigern. Kleiner bleibende Raubfische wie *Lamprologus compressiceps* begnügen sich meist mit Jungfischen oder auch kleiner bleibenden Arten. Sie leben nahe der Ufer und sind, wie die erwähnte Art, durch ihre seitlich komprimierte Körperform für das Leben im Pflanzen- oder Schilfgebiet angepaßt. Raubfische, die eher das freie Wasser bevorzugen, kennen wir aus dem Tanganjika-See hauptsächlich aus der Gattung *Bathybates.* Auch sie haben eine gestreckte Körperform und ein tief gespaltenes Maul, kräftige Kiefer und eine, den räuberischen Fischen gemäße Bezahnung. Manche Arten zeigen zudem einen vorstehenden Unterkiefer.

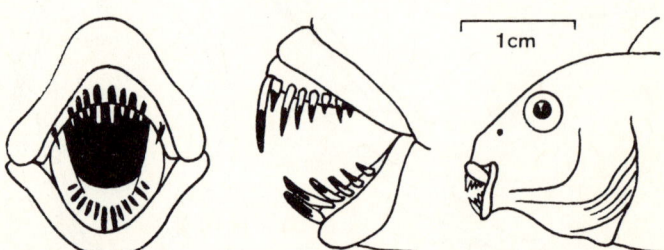

Abb. 6 *Tanganicodus irsacae* hat ein nur kleines, doch vorgeschobenes Maul und pinzettenartige Vorderzähne, mit denen er Insektenlarven und andere kleine Nahrungstiere aus den Algenpolstern zupfen kann (nach POLL)

Der Fisch, der in ihrer (Kiefer-) Fänge gerät, hat keine Chance mehr zu entkommen. Diese Gattung kann man als Gegenstück zu den im Malawi-See endemisch lebenden Arten von *Rhamphochromis* ansehen. Räuber von der wahrscheinlichen Widerstandsfähigkeit der *Batybates* und *Hemibates* hat man mit Schleppnetzen schon aus Tiefen von über 200 m geholt, wie FRYER & ILES berichten. Derartige Tiefen sind mit ihrer Sauerstoffarmut wie auch durch das Vorhandensein von giftigen Gasen nicht gerade einladend für die Fische, abgesehen davon, daß das Nahrungsangebot nur sehr einseitig sein kann.

Auch der größte aller Cichliden, *Boulengerochromis microlepis*, ist ein Raubfisch, doch hatte seine Art es aufgrund ihrer Größe nicht nötig, ein besonders spezialisiertes Gebiß hervorzubringen. Im Gegensatz zu den meisten in den Seen Ostafrikas vorkommenden Arten ist dieser große Fisch an keinen Lebensraum gebunden, sondern kann vom einem Felslitoral zum anderen schwimmen und dabei Sandzonen und Pflanzenregionen überqueren. Seine Spezialität besteht eher darin, daß er sich seine Lieblingsnahrung (vielleicht eine bestimmte Fischart) einmal aus diesem Gebiet und einmal aus einem anderen holen kann. Die einzige Art der Gattung wird rund 80 cm lang.

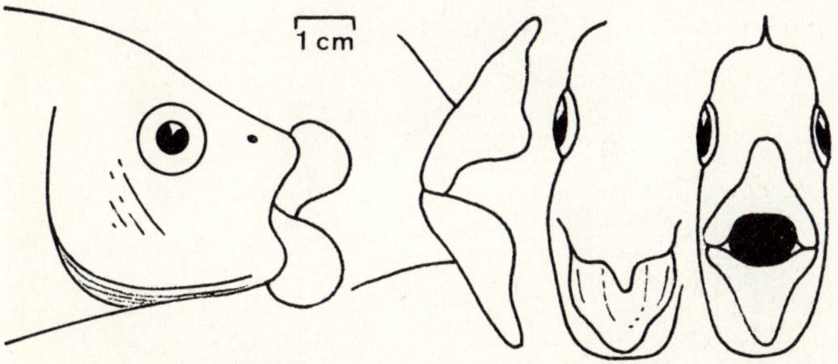

Abb. 7 Die Wulstlippen von *Cyrtocara euchilus* aus dem Malawisee sind sehr ähnlich gewachsen wie die von *Lobochilotes labiatus* aus dem Tanganjika-See (vergleiche auch Foto 37). Sie dienen dazu, hartschalige Nahrungstiere in den weichen Algenpolstern zu ertasten (nach FRYER)

Nachzucht der Tanganjika-Cichliden im Aquarium

Nachdem bereits im Band der Malawi-Cichliden auf die Frage der Nachzucht in Gefangenschaft ausführlicher eingegangen wurde, müssen hier demzufolge einige Einschränkungen mitgeteilt werden.

Im Gegensatz zu den Buntbarsch-Arten des Malawi-Sees befinden sich unter den Bewohnern des Tanganjika-Sees nicht in solch überwiegender Zahl Maulbrüter. Viele der hier lebenden Tiere sind Versteck- oder Höhlenbrüter, und Offenbrüter gibt es in beschränktem Maße auch. Dies soll jedoch nicht heißen, daß diese Arten im Aquarium nicht nachzuzüchten wären. Man muß ihnen lediglich ein paar andersgeartete Versteckmöglichkeiten schaffen, um ihrem Vermehrungsdrang freien Lauf zu

Foto 4   Der Fänger und Exporteur Pierre Brichard beim Fang von Tanganjika-Cichliden in 10 m Tiefe. Er benutzt ein Betäubungsmittel (Quinaldine in Aceton gelöst), um an die versteckten Fische zu kommen

lassen. Cichliden sind allgemein nicht sonderlich anspruchsvoll, soweit es sich um die Arten dieses Sees handelt, doch sollte jeder Züchter wissen, daß der Erfolg 1. vom Wasser und 2. von der Qualität des Futters abhängt. Da die Alkalität im Tanganjika-See noch stärker und der pH-Wert demzufolge (mit 9,0) noch höher ist, sollte man den Fischen kein Amazonas-Becken zu bieten versuchen und dann auf Nachzuchten warten!

Für bestimmte wenige Arten gilt auch hier das, was im Malawi-Band zum Thema „Eiflecke" gesagt wurde. Im Gegensatz zu den Vertretern des südlicheren Sees finden sich jedoch Eiflecke nur bei weitaus weniger Arten.

Zur Nomenklatur (Namengebung) der Fische

Wissenschaftler arbeiten ständig an der Verbesserung wie auch der Feingliederung der Systematik unserer Fische. So ist es nicht ausgeblieben, daß einige Gattungen eine Revision erfuhren. Dies gilt in besonderem Maße für die Vertreter der seither so artenreichen Gattung *Haplochromis,* deren Artenzahl durch Umstellungen in andere Gattungen inzwischen auf unter zehn gesunken ist. Die Haplochrominen aus dem Malawi-See warten noch auf eine Revision für diese endemischen Arten. Für die im Tanganjika-See vorkommenden Arten sind Revisionen erfolgt, ebenso für die übrigen Afrikaner. Falls Sie in diesem Buch nach Namen suchen, versuchen Sie bitte diese über das Register zu finden, weil hierin auch die nun dafür meist geltenden Synonyme enthalten sind.

Die Arten und ihre Ansprüche im Aquarium*
Gattung Asprotilapia

Obgleich von BOULENGER bereits im Jahre 1901 beschrieben, ist die Gattung bis heute monotypisch geblieben.

Asprotilapia leptura BOULENGER, 1901
Eine höchstens einmal als Beipack eingeführte Art, die aquaristisch unter diesem Namen nicht bekannt wurde. Länge etwa 11–12 cm. Sehr gestreckte Form mit flachem Bauchprofil, welches auf ein bodennahes Leben über Sand- und (oder) Felsgrund schließen läßt. Maulbrüter.

---

* Es werden in dieser Aufzählung nicht nur endemische Arten des Tanganjika-Sees angeführt. Alle übrigen interessanten Cichliden umgebender Gewässer finden Sie im Band „Buntbarsche Ost- und Westafrikas" (LB 84).

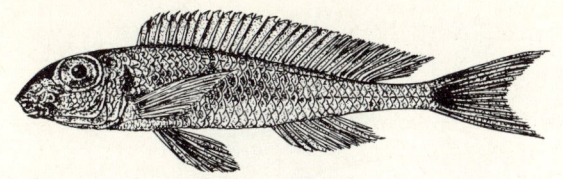

Abb. 8 *Asprotilapia leptura* (nach BOULENGER)

Gattung Astatoreochromis

PELLEGRIN stellte die Gattung im Jahre 1903 in seiner Arbeit „Contribution à l'étude anatomique, biologique et taxonomique des Poissons de la famille des Cichlidés" auf. Gattungstyp ist *A. alluaudi,* der nördlich des Tanganjika-Sees (Kivu-See, Eduard-See) vorkommt. Die beiden Endemiten dieser Gattung leben bevorzugt in sumpfigen Randgebieten des Sees und in Flüssen.

Astatoreochromis straelini (POLL, 1944)

Eine typischer Sumpfbewohner, dem man mit dem ersten Blick den Haplochrominen ansieht. Die früher unter dem Synonym *Haplochromis s.* geführte Art ist in der Grundfärbung ähnlich gelbgrün gefärbt wie sein Verwandter *Astatotilapia callipterus* aus dem Malawi-See, der ähnliche Biotope bewohnt, doch kann er farblich dem ebenfalls im Tanganjika-See vorkommenden *Astatotilapia burtoni* nicht das Wasser reichen. *A. straelini* ist ein ausgesprochener Molluskenfresser. Seine starken Kiefer und der mit breiten, stumpfen Zähnen bewaffnete Schlundknochen sagen dies aus. Länge etwa 10 cm. Kein Maulbrüter.

29

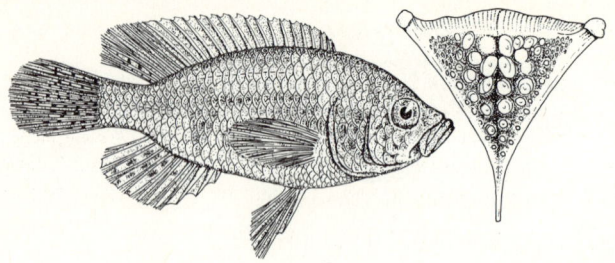

Abb. 9 *Astatoreochromis straelini.* Die klobig bezahnten Schlundknochen lassen den Weichtier-(Mollusken-)fresser erkennen (nach POLL)

Astatoreochromis vanderhorsti (GREENWOOD, 1954)

Ein weiterer Sumpfbewohner, der wahrscheinlich aus seinem ursprünglichen Lebensraum, dem Malagarasi-Fluß, in den See gewandert und jetzt nahe dieses Zuflusses zu finden ist. Bisher meines Wissens nicht eingeführt.

Foto 5 *Astatoreochromis vanderhorsti,* ein Haplochromine mit vielen Eiflecken in der Afterflosse

Gattung Astatotilapia

Die Gattung wurde 1903 von PELLEGRIN aufgestellt und *A. desfontainesii* zum Gattungstyp bestimmt. Mit *A. bloyeti*, *A. burtoni*, *A. stappersi* und *A. calliptera* umfaßt sie augenblicklich fünf Arten, von denen jedoch keine irgendwo endemisch lebt. *A. calliptera* bewohnt die Sumpfzonen um den Malawi-See.

Astatotilapia burtoni (GUENTHER, 1893)

Eine Art, über die aquaristisch bereits viele Veröffentlichungen vorliegen. Ihre Heimat ist Tanganjika- und der Kivu-See sowie einige umgebende Gewässer. Im Aquarium werden die *Burtonis* selten länger als 14 cm. Über die Färbung braucht hier nicht viel gesagt zu werden: Sie ist aus den Abbildungen gut zu erkennen. Interessant sind in diesem Zusammenhang die stark ausgeprägten und leuchtenden 5 bis 10 dottergelben Eiflecke in der Afterflosse, die mit einem schwarzen Saum umrandet sind. Sie werden natürlich in dieser Prägnanz nur von Männchen getragen, während sie bei weiblichen Tieren lediglich schwach angedeutet sind. So unterscheidet sich auch das weibliche Geschlecht von den prächtigen Männchen durch schwächere Fär-

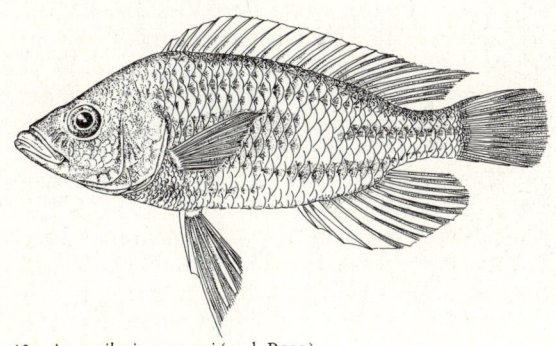

Abb. 10   *Astatotilapia stappersi* (nach POLL)

Foto 6 *Astatotilapia burtoni*, balzendes Männchen zeigt Prachtfärbung

bung sowie zuweilen durch das Fehlen des leuchtenden roten Saumes in der Rückenflosse der Männchen.

Die Tiere bevorzugen groberes Futter, doch sind sie ansonsten recht anspruchslos. Ein größeres (!), gut bepflanztes Bekken, in dem durch ineinandergeschachtelte Steinaufbauten (kein Wurzelholz, weil es das Wasser sauer macht!) Höhlen gebildet werden, verschafft den Fischen eine gewohnte Umgebung, in der auch weniger starke Tiere Verstecke finden. Wasserwerte: Härte 12—16° DGH bei einem pH-Wert von 9 und einer Temperatur zwischen 25—28° C, wobei sich die Wasserwärme während der Laichzeit in den höheren Bereichen befinden sollte. Ein Wasserwechsel bekommt den Tieren, wenn man ihn in Portionen von 2/3 alt zu 1/3 neu vornimmt und das vorbereitete Neuwasser in den Werten (besonders pH!) angepaßt hat, sichtlich gut.

Die Eier werden meist auf einem Hartsubstrat abgegeben, worauf sie das Weibchen in den Mund nimmt. Die Befruchtung erfolgt dann bei dem Versuch, auch die Eiattrappen in der Afterflosse des Männchens zu schnappen, wobei das Männchen seine Spermien abgibt. Darauf verbringt das scheue Weibchen

Foto 7 *A. burtoni* schnappt nach den Eiflecken des Männchens

die Entwicklungszeit der Eier in einer selbstgewählten Höhle.
Dieser Prozeß währt etwa 15—18 Tage. Nach dem Schlüpfen
können die Jungen gleich Futter in der Größe von Salinenkreb-
sen *(Artemia salina)* oder auch Staubfutter aufnehmen. Sie entwickeln sich dann schnell, und die Elterntiere können bei guter
Kost schon nach einem knappen Monat erneut ablaichen.

Gattung Aulonocranus

Diese von REGAN im Jahre 1920 aufgestellte Gattung ist bis
heute monotypisch geblieben. Zum Gattungstyp wurde die folgend beschriebene Art bestimmt. Ähnlich wie die Arten der
Gattung *Trematocara* (und die auf S. 130 erwähnten parallel
entwickelten Arten der Gattungen des Malawi-Sees) verfügen
die Fische über Sinnesgruben im Kopfbereich, die ihnen bei ihrem Leben in Höhlen und ähnlichen Unterständen dienlich
sind.

Aulonocranus dewindti (BOULENGER, 1899)   ohne Abb.
Der etwa 12 cm lang werdende Allesfresser ist ein Endemit des
Tanganjika-Sees und wird meistens über Sandboden angetrof-
fen. Man könnte die schönen Fische als Bereicherung des afri-
kanischen Buntbarschbeckens ansehen, leider sind sie gegen-
über Wasserwechsel und zu kleinen Becken empfindlich. Ist die
Anpassung an aquaristische Verhältnisse geschafft, erweisen
sich die Tiere als nicht schwierige Pfleglinge gegenüber anderen
Arten. Männchen haben eine goldgelbe Grundfärbung. Etwa
sieben feine hellblaue Längslinien überziehen die Flanken. Alle
Flossen sind milchig. Auf den ebenfalls hellblau getüpfelten
Kiemendeckeln sitzt auf dem oberen Bogen ein dunkler Fleck.
Stimmungsbedingt können weitere dunkle Flecke über den
Flanken gezeigt werden; der Kopf wird dabei rußig. Vorderer
Strahl der Bauchflossen verlängert.

Gattung Bathybates

Eine Gattung, in der mittelgroße Raubfische, teils von furchter-
regendem Aussehen, zusammengefaßt sind. BOULENGER stellte
die Gattung 1898 auf („Report on a Collection of Fishes made
by Mr. J. E. S. Moore in Lake Tanganjika"), bei der auch bekannte weitere Gattungen wie *Julidochromis, Eretmodus, Tropheus, Petrochromis* und *Telmatochromis* „aus der Taufe" geho-
ben wurden. Zum Gattungstyp wurde *B. ferox* bestimmt. Wie
bereits auf Seite 25 erwähnt, stellen diese Arten eine Parallele zu
denen der Gattung *Rhamphochromis* im Malawi-See dar. Bisher sind sieben Arten bekannt, von denen *B. vittatus* und *B. fasciatus* mit Längen von rund 40 cm die größten sind. *B. ferox*
wird etwa 36 cm lang; *B. graueri, B. horni, B. leo* und *B. minor*
bleiben unterhalb der 30-cm-Grenze.

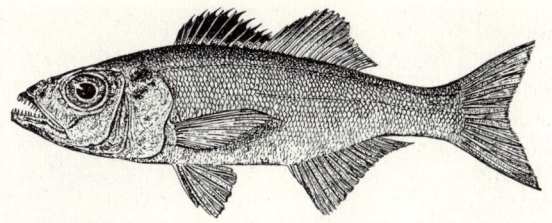

Abb. 11 *Bathybates minor,* eine etwas kleiner bleibende Art dieser Raubfische (nach BOULENGER)

Gattung Boulengerochromis

Eine monotypische Gattung, im Jahre 1904 von PELLEGRIN aufgestellt, deren einziger Vertreter der größte bekannte Buntbarsch ist, den wir kennen. Bereits auf Seite 25 sind einige Ausführungen über die Art nachzulesen.

Boulengerochromis microlepis (BOULENGER, 1899)

Bis zu 80 cm kann die Art lang werden. Die Tiere haben eine schlanke Körperform und bevorzugen ein Leben im offenen Wasser, wobei sie in Tiefen bis 80 oder 90 m abtauchen. Ihre Vermehrung erfolgt jedoch in flachem Wasser. Für das Heimaquarium nur begrenzt geeignet. Als Nutzfisch um den Tanganjika-See sehr geschätzt.

Die starke Bezahnung in Verbindung mit der gestreckten Körperform und den großen Augen weist die Tiere als Räuber aus, die sich überwiegend von Heringsartigen, aber auch von Cichliden ernähren. Jungtiere leben von Algen, Insektenlarven und Krebstierchen. Die Männchen tragen eine gelbgrüne bis grauolive Tarnfärbung mit dunklerer Rückenpartie. Adulte Tiere haben einen kräftiger gefärbten Rücken mit gelben bis orangefarbenen Zonen. Weibchen etwas trister, grauoliv gefärbt. Ein weiteres Merkmal sind bei beiden Geschlechtern ein

Foto 8 *Boulengerochromis microlepis,* Jungtier

kräftiger Fleck auf dem Kiemendeckel sowie drei bis vier dunkle Punkte auf den Körperseiten. Die Substratlaicher züchten als Nestbauer in der Gesteinszone, wobei das Gelege, je nach Größe des Weibchens, bis zu 15 000 Eier erreichen kann. Bei einer Härte zwischen 10—14° DH und einer Durchschnittstemperatur um 25° C bei ausgesprochen guter Sauerstoffsättigung (!) soll der pH-Wert um 9 liegen.

Gattung Callochromis

Zu dieser Gattung, im Jahre 1920 von REGAN aufgestellt, gehören nur zwei Arten, von denen die eine in zwei Unterarten aufgeteilt ist. Gattungstyp ist *C. macrops.* Gestreckte Fische mit flachem Bauchprofil, was auf bodennahes Leben schließen läßt. Große, hoch am Kopf stehende Augen. Maul bodennah. Gute Aquarienbewohner bis etwa 14 cm Länge. Maulbrüter; bis zu 50 Eier.

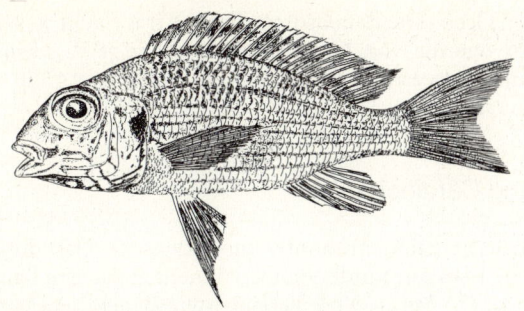

Abb. 12 *Callochromis macrops macrops* (nach POLL)

Callochromis macrops (BOULENGER, 1898)

Die Art ist im Tanganjika-See endemisch. Dort leben die Fische in Tiefen zwischen zehn und zwanzig Metern. Die Tiere tragen einen großen Kopf mit unterständigem Maul und recht großen Augen. Die Bauchpartie ist abgeflacht. Der Körper verläuft spitz und schlanker werdend zum Schwanz. Die mittlere Körperzone hat einen Goldocker-Farbton, während der Rücken besonders bei den Männchen in vielen Regenbogenfarben schimmern kann. Von *C. macrops* sind zwei Unterarten bekannt: *C. m. macrops* ist die am meisten verbreitete. Sie kommt fast überall im See vor, während *C. m. melanostigma* (BOULENGER, 1906) nur auf die nördlichen Uferregionen des Sees beschränkt bleibt.

Callochromis pleurospilus (BOULENGER, 1906)

Der Maulbrüter wird etwa 10—12 cm lang und ist ebenfalls endemisch. Man findet ihn dort überwiegend in der Litoral- (= Küsten) zone. Die auf den Körperseiten hellgrün leuchtenden Schuppenränder verleihen der Art ein Netzmuster. Etwa in Höhe der Seitenlinie befindet sich eine Zahl unregelmäßig angeordneter rostroter Tüpfel. Auf dem Kiemendeckel liegt ein dunkler Fleck. Die Bauchpartie dieser Art ist nicht so stark ab-geflacht wie die von *C. macrops,* doch zeigt *C. pleurospilus* ebenfalls eine gestreckte Körperform mit einem großen, aber spitzeren Kopf.

Gattung Cardiopharynx

Aquaristisch kaum bekannte, monotypische Gattung. POLL stellte sie 1946 auf. Sandbodenbewohner mit flachem Bauprofil, sehr großen Augen und verlängerten Bauchflossenstrahlen. Lebt in Tiefen bis zu 15 m. Der bis zu 16 cm lange Maulbrüter, *C. schoutedeni* POLL, 1946, mag deshalb nicht bei Aquarianern begehrt sein, weil seine silbrige Tarnfarbe nicht attraktiv genug ist.

Abb. 13 *Cardiopharynx schoutedeni* (nach POLL)

Gattung Chalinochromis

Von den Vertretern dieser, erst im Jahre 1974 aufgestellten Gat-tung werden viele für aquaristische Haltung exportiert. Die bis-her einzige, von POLL als Gattungstyp beschriebene Art blieb deshalb ohne Konkurrenz, weil bei Exemplaren mit anderer Körperzeichnung die Unterscheidungsmerkmale wohl nicht ausreichten und es daher bei Händlernamen blieb. Keine Maul-brüter.

Chalinochromis brichardi POLL, 1974

Diese Neuentdeckung ist der Zusammenarbeit von Brichard (Fänger) und Poll (Wissenschaftler) zu verdanken. Die neue Gattung verfügt im Augenblick zwar über nur eine Art, doch werden in Kürze noch weitere folgen. Sie steht der Gattung *Julidochromis* nahe, unterscheidet sich von ihr aber durch die nicht verknöcherten Suborbitaliae und die höhere Anzahl von Dorsalstacheln (21–24). Die Färbung der Tiere ist beinahe rein beige, das zum Rücken dunkler wird. Die Kopfmusterung besteht aus schwarzen Streifen (Foto) und einem ebensolchen Fleck in der hinteren Dorsalen. Die Schwanzflosse ist nicht völlig abgerundet, und die Bauchflossen sind lang ausgezogen. Die verdickten Lippen sind mit kleinen Hautwarzen bedeckt. In Gefangenschaft verhalten sich die Tiere ähnlich den *Julidochromis*-Verwandten und können auch so gepflegt werden. Die Holotypen stammen aus dem nördlichen Zipfel des Tanganjika-Sees, wo sie die Felsenzone bewohnen.

Foto 9   *Chalinochromis brichardi*

Gattung Ctenochromis

In diese Gattung, 1893 von PFEFFER aufgestellt, wurde jetzt ein maulbrütender Räuber aus dem Tanganjika-See überführt (GREENWOOD), der in der aquaristischen Literatur bereits durch verschiedene Besprechungen bekannt wurde. Es ist *C. horii* (GUENTHER, 1893), der sich stets in Ufernähe aufhält und selten tiefer als ein oder zwei Meter abtaucht. Ausgewachsene Tiere können eine sehr schöne Färbung haben und sind dadurch leicht zu identifizieren; andererseits ist *C. horii* mit seinen knapp 20 cm Länge für viele Becken bereits zu groß. Der Unterkörper der Fische ist orangerot, aus dem sich der Bauch gelb abhebt. Jüngere Tiere sind noch nicht so attraktiv gefärbt und zeigen eher eine grünliche Grundfärbung. Die großen, schwarzen Flecke auf Kopf und Kiemendeckel lassen die Artzugehörigkeit schnell erkennen. Früher unter seinem heutigen Synonym *Haplochromis h.* bekannt.

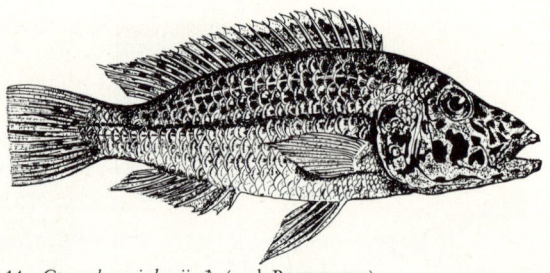

Abb. 14 *Ctenochromis horii*, ♂, (nach BOULENGER)

Gattung Cunningtonia

Die von BOULENGER 1906 aufgestellte Gattung ist bis heute monotypisch geblieben. Der Autor bescheinigte den Vertretern einen mäßig gestreckten Körper mit Ctenoidschuppen. Die einzige Art, *C. longiventralis,* ist im Tanganjika-See endemisch.

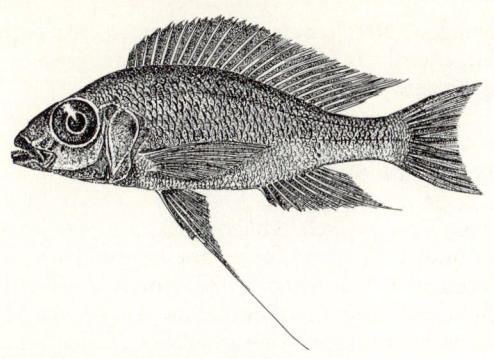

Abb. 15 *Cunningtonia longiventralis* (nach POLL)

Sie gilt als Gattungstyp und wurde mit der Gattungsaufstellung
beschrieben. Wie der Artname erkennen läßt, sind die Bauchflossen stark verlängert. Weiter auffällig ist das beinahe überdi-
mensionierte Auge. Die Grundfärbung ist graubläulich und damit nicht sonderlich attraktiv. Die Rückenflosse trägt einen orangeroten Saum. Flecke in gleicher Farbe finden sich auf den
Kiemendeckeln und den Wangen. Maulbrüter. Länge etwa
16–18 cm.

Gattung Cyathopharynx

Eine weitere monotypisch gebliebene Gattung, die 1920 von
REGAN aufgestellt wurde. *C. furcifer* (BOULENGER1898) ist bei
uns als „großer Fadenmaulbrüter" bekanntgeworden. Dieser
Name bezieht sich auf die fadenartig verlängerten Bauchflossen
bei den Männchen, die bei freilebenden Tieren bis zur
Schwanzflosse reichen können. Die über brauner Grundfärbung blau schimmernden Tiere leben oft in größeren Gemein-
schaften in Tiefen bis zu etwa 10 m. Das Männchen baut ein

kraterförmiges „Nest", besser gesagt, einen Brutkegel. Nach der Eiablage wird das Gelege jedoch ins Maul genommen. Die Art kann bis etwa 20 cm lang werden.

Gattung Cyphotilapia

Wieder eine monotypisch gebliebene Art, zu der jedoch einer der bekanntesten Aquarienfische des Tanganjika-Sees gehört, der „Tanganjika-Beulenkopf", *C. frontosa* (BOULENGER, 1906). Die Tiere leben im Felslitoral zwischen 5 und 50 m, wobei sie mit zunehmendem Alter in größere Tiefen gehen.

Cyphotilapia frontosa (BOULENGER, 1906)

Der auch als „Tanganjika-Beulenkopf" bekannte Fisch bewohnt die Uferregionen des Sees, auf den sein Vorkommen beschränkt bleibt. Die Riesen werden bis zu 30 cm groß und dabei

Foto 10 *Cyphotilapia frontosa, ♂*

42

recht bullig. Die Art zeigt auf sandfarbenem Körpergrund sechs (!) schwarze Streifen und unterscheidet sich dadurch besonders im juvenilen Stadium optisch von *Lamprologus tretocephalus* BOULENGER, 1899, einer Art, die ebenfalls im Tanganjika-See beheimatet ist. Letztere hat nur fünf dunkle Querbinden, und ein schwach dunkles Band lediglich zwischen den Augen.

Der Bewohner der Uferregionen weist sich mit seinem tiefgespaltenen Maul und dem kräftigen Gebiß als Räuber aus. Adulte Tiere (und hierbei sind es natürlich in erster Linie die Männchen) bekommen einen enormen Stirnbuckel. Maulbrüter.

Gattung Cyprichromis

Früher zur Gattung *Limnochromis* gestellt, wurde die Gruppe der Heringscichliden mit der Aufstellung dieser Gattung im Jahre 1977 durch SCHEUERMANN (partielle Revision) in diese neue Gattung übernommen. *Cyprichromis*-Arten sind schlanke Cichliden, die man meist in Tiefen zwischen 5 und 15 m im See antriffe, wo sie sich in größeren Ansammlungen, die man fast schon als Schwärme bezeichnen könnte, aufhalten. Trotz ihres relativ schmalen Kopfes darf man sich nicht täuschen lassen: Alle drei bekannten und beschriebenen Arten sind Maulbrüter! Dies ist auch einer der Gründe dafür, sie von ihren ehemaligen Gattungsverwandten *(Limnochromis)* abzusondern, denn die übrigen seinerzeitigen Gattungsverwandten sind keine Maulbrüter. POLL (1981) beschrieb mit *C. brieni* eine weitere Art.

Cyprichromis leptosoma (BOULENGER, 1898)   Farbtafel II

Auch wenn wir diese schlanken Buntbarsche mit dem Namen „Heringscichliden" belegt haben, sind sie doch keine Bewohner des freien Wassers, sondern lieben die schützende Nähe von großräumigeren Felsverstecken. Hier liegen auch die Regionen ihrer Nahrungsaufnahme, zu der sie allerdings auch zeitweise ins offenere, tiefere Wasser abtauchen. Entsprechend dieser Le-

43

bensweise leben sie überwiegend von Zooplankton und sind daher auch im Aquarium problemlos zu ernähren. Wir kennen von der Art einige Farbvarianten, doch die bekannteste Form ist die mit dem blauschimmernden Hinterkörper und der goldgelben, hellblau gerandeten, gegabelten Schwanzflosse. Die Fische werden etwa bis zu 14 cm lang und bleiben bei Einzelhaltung im Aquarium scheuer als bei Pflege in größeren Gruppen.

Cyprichromis microlepidotus (POLL, 1956)　　　Farbtafel III

Eine weitere Art, die ein Leben führt, wie es für *C. leptosoma* beschrieben wurde. Man trifft die Fische schwarmweise etwa von 10−40 m im See an, und einer der Gründe dafür, daß sie auf dem Markt nicht billig zu haben sind, ist ihr aufwendiger Fang mit dem anschließenden langwierigen Druckausgleich in mehreren Etappen. Würde man die Fische in einem Zug an die Wasseroberfläche bringen (das gilt auch bereits für Tiefen zwischen 10 und 15 m), so würden ihnen durch den Druckunterschied die Innereien aus Maul und After herausgedrückt und sie auf keinen Fall überleben.

Die in ihrem Normalkleid recht eintönig grauoliv gefärbten Männchen sind in ihrer Brutfärbung (vergleiche Farbtafel III) kaum wiederzuerkennen: Der Körper bekommt einen leuchtenden Blauton mit Mustern aus tiefschwarzen wie auch gelben Zonen. Die unpaaren Flossen schließen sich dem Farbspiel des Körpers an und legen auch kräftig an Farbe zu. Ein weiteres Merkmal dieser Art ist die leicht vornüber geneigte Schwimmweise, wie wir sie von den Vertretern der südamerikanischen Salmlergattung *Leporinus* kennen. Für die aquaristische Haltung gelten ähnliche Voraussetzungen wie für die vorher erwähnte Art: Man soll die Fische niemals in zu kleinen Becken und stets in größeren Gruppen pflegen. Eine Rückraumbepflanzung mit Vallisnerien kommt den Fischen gelegen und läßt ähnliche Verhältnisse entstehen wie an bestimmten Plätzen des Tanganjika-Sees.

Cyprichromis nigripinnis (BOULENGER, 1901)   Farbtafel III
Dies ist die dritte Art aus der Gattung der „Heringscichliden",
die im See endemisch als Maulbrüter vorkommen. Mit den beiden vorgenannten Arten sind sie eng verwandt. Sie führen auch
ein sehr ähnliches Leben im natürlichen Biotop, sind nur mit
viel Aufwand (Dekompression) an die Wasseroberfläche zu
bringen und wollen kein kleines Aquarium, dafür aber eine größere Gesellschaft ihresgleichen. Normalerweise zeigt der Körper der besonders langgestreckt erscheinenden Fische eine
braunbeige Grundfärbung. Durch die feine schwarze Randung
der Schuppen entsteht über den Flanken ein Netzmuster. Die
Flossen sind gewöhnlich leicht transparent, doch trägt die Dorsale einen feinen schwarzen Rand, der durch helle Tüpfel in einzelne Abschnitte aufgeteilt wird. Die Schwanzflosse ist rußig
und die Afterflosse trägt, ebenso wie die Bauchflossen, eine gel-

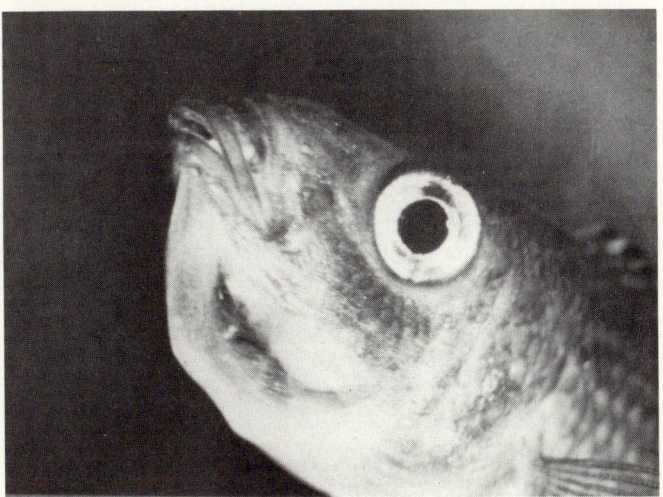

Foto 11   So schlank Cyprichromis-Arten erscheinen: Sie sind Maulbrüter! Hier ein
C. nigripinnis-Weibchen mit Eiern im Maul

be Zone im unteren bzw. hinteren Bereich. Bei Jungfischen sind die Flossen etwas kräftiger gelb gefärbt. Der Körper der Männchen ist mit einem mehr oder weniger kräftigen Blauschimmer überlagert.

Gattung Ectodus

Kaum bekannte Gattung, die 1898 von BOULENGER beschrieben wurde und seither monotypisch geblieben ist. Ihr einziger Vertreter, *E. descampsii* BOULENGER, 1898, wird etwa 10 cm lang und ist ein ziemlich unproduktiver Maulbrüter, dessen ins Maul genommene Gelege selten mehr als 20—25 Eier aufweisen. Die Tiere bewohnen die flacheren, ufernahen Zonen des Sees und bevorzugen hier ein Leben über grobem Sandboden. Kaum eingeführt.

Gattung Eretmodus

Eine monotypische Gattung, die 1898 von BOULENGER aufgestellt wurde, deren einziger Vertreter jedoch aquaristisch verbreitet und durch eine Reihe von Veröffentlichungen in Fachzeitschriften recht bekannt geworden ist. Die folgend beschriebene Art ist bei uns als „Grundelbuntbarsch" eingeführt und führt ein ausschließlich bodennahes Leben. In ihrem natürlichen Lebensraum ernähren sich die kleinen Gesellen vom unterschiedlichen Mikroleben auf den Felsen. Man trifft sie stets im flachen, ufernahen Wasser des Sees, selten in mehr als drei Metern Tiefe an. Die Eiproduktion der Weibchen dieses Maulbrüters hält sich mit 20—25 je Wurf in Grenzen. Untereinander kann es bei gleichartigen Tieren zu argen Raufereien kommen, wenn das Becken nur beschränkte Ausmaße hat.

Eretmodus cyanostictus BOULENGER, 1898   Farbtafel V
Die kleinen endemischen Maulbrüter werden nur etwa 7,5 cm
lang und erweisen sich schon allein von der Größe her als ausgezeichnete Aquarienfische. Auch das geforderte seeähnliche
Wasser dürfte in den meisten Regionen nicht schwer zu be-
schaffen sein. Hier noch einmal der schon bei der Biotop-Be-

Foto 12   *Eretmodus cyanostictus, Exemplar der nördlichen Rasse*

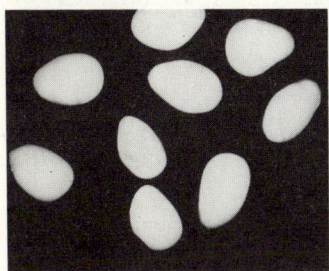

Foto 13   Eier von *E. cyanostictus*

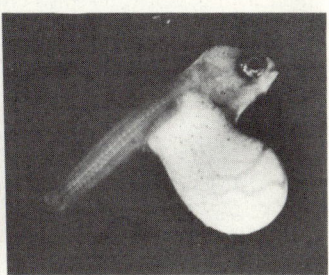

Foto 14   *Larve von E. cyanostictus,*
neun Tage nach der Eibefruchtung

sprechung genannte Hinweis: pH-Wert um 9, Härte 15–20°
DGH bei Wassertemperatur zwischen 24 und 26° C. *E. cyanostictus* ist ein Bodenfisch, der sich am liebsten auf einer Unterla-
ge aufhält. Die Tiere huschen dann, ähnlich wie andere bekannte „Bodenrutscher", blitzschnell über den Aquariengrund. Die
beigegrünlich gefärbten Tiere tragen eine Reihe breiter dunkler
Querbänder über dem Körper. Das Maul ist unterständig. Unterlippe und Kehle sind zartblau. Die Rücken- sowie die oberen
Strahlen der Schwanzflosse tragen einen bläulich irisierenden
Saum. Nach einigen Scheinpaarungen kommt es zu einem ech-
ten Laichvorgang, bei dem das Männchen Ei für Ei befruchtet,
nachdem sie vom Weibchen abgegeben wurden. Daraus resul-
tiert ein stark in die Länge gezogener Vorgang, der über eine
Stunde in Anspruch nehmen kann. Das Weibchen übernimmt
die Brutpflege, indem es die abgelegten und befruchteten Eier in
ihren Kehlsack nimmt.

Gattung Grammatoria

Eine aquaristisch nicht bekannte Art des Freiwassers und von
BOULENGER zusammen mit der neu geschaffenen Gattung im
Jahre 1899 beschrieben. *G. lemairi* blieb seither in der Gattung
allein. Der Maulbrüter wird etwa 26 cm lang und in Tiefen zwischen 5 und 30 m angetroffen. Er ernährt sich nicht nur von

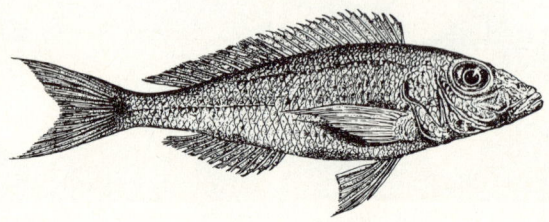

Abb. 16   *Grammatoria lemairii* (nach BOULENGER)

kleineren Fischen, sondern verzehrt auch Insekten und andere ähnliche Nahrung. Die Art verfügt über kräftige Kiefer und eine starke Bezahnung.

Gattung Haplotaxodon

Eine Gattung mit zwei Arten, die im Jahre 1906 von BOULENGER aufgestellt worden ist. Beide Arten sind im Tanganjika-See endemisch, doch ist über ihre Fortpflanzung noch nichts bekannt. Sie erreichen eine Länge von etwa 24 cm; möglicherweise bleibt die zweite Art um einige Zentimeter kleiner. Zum Gattungstyp wurde *H. microlepis* BOULENGER, 1906 bestimmt. POLL beschrieb 1948 die zweite Art, *H. tricoti*. Beide Arten leben im Gebiet des tieferen Felslitorals zwischen 10 und 20 m, meist in Gruppen von 40–60 Exemplaren. Sie ernähren sich überwiegend von fleischlicher Kost, wobei Ruderfußkrebse und Heringsfische (Gattungen *Limnothrissa* und *Stolothrissa*) aus der Familie Clupeidae, die auch anderen größeren Arten als Nahrung dienen, bevorzugt werden. Diese Heringe, um den See als „Ndakala", „Kapenta" oder „Ndagaa" bekannt, gelten auch bei den Fischern als ausgezeichnete Nutzfische und werden in entsprechend großen Mengen mit Netzen gefangen.

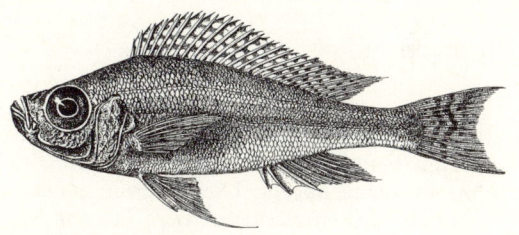

Abb. 17 *Haplotaxodon microlepis* (nach POLL)

Gattung Hemibates

Der bekannte Vertreter dieser Gattung, *H. stenosoma* (BOU-
LENGER, 1901) wurde von REGAN, der die Gattung im Jahre
1920 aufstellte, zum Gattungstyp bestimmt. BOULENGER hatte
sie früher zu *Paratilapia* gestellt. Die räuberisch lebende Art ernährt sich auf ähnliche Weise wie die Vertreter der Gattung *Haplotaxodon* und ist Bewohner des freieren Wassers, doch hält sie
sich mit Vorliebe vor den Mündungen von Flüssen auf. Die Art
wird knapp 30 cm lang und frißt nicht nur Heringe, sondern
auch Verwandte der eigenen Familie. Über ihre Vermehrungs-
biologie liegen keine konkreten Berichte vor.

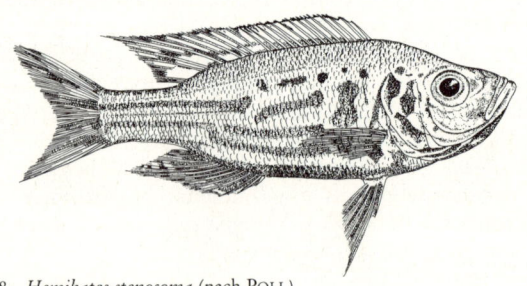

Abb. 18   *Hemibates stenosoma* (nach POLL)

Gattung Julidochromis

Die Vertreter dieser Gattung gehören seit Jahrzehnten zu den
bekannten Aquarienpfleglingen, auch wenn ihre Haltung nicht
immer ohne Probleme abgeht. Dies hängt in erster Linie mit
dem Territorialverhalten stärkerer Tiere zusammen, die ein
größeres Revier abstecken und darin keine Konkurrenz dulden.
Bereits im Jahre 1898 stellte BOULENGER diese Gattung auf und

bestimmte *J. ornatus* zum Gattungstyp. Alle Arten sind auf ein Leben im Felslitoral geprägt, wo sie enge und engste Spalten bewohnen und hier auch als Versteckbrüter ihre Nachkommen aufziehen. Man trifft sie selten in horizontaler Schwimmweise an; meist stehen sie nach Art der Kopfsteher kopfab im Winkel von 45° nahe oder in ihrem Versteck. Sie sind außerordentlich gewandte Schwimmer und nur schwer zu fangen.

Julidochromis dickfeldi STAECK, 1975 Farbtafel IV

Diese noch sehr neue Art ist begreiflicherweise noch nicht so verbreitet wie die anderen Verwandten. Man entdeckte sie während einer aquaristischen Reise in die Kasaba Bay im Norden Sambias, dort, wo der südlichste Zipfel des Tanganjika-Sees eben noch in das Land hineinragt. Ihre größte Länge dürften die Tiere mit etwa 8 cm erreicht haben. Sie leben in der Felszone

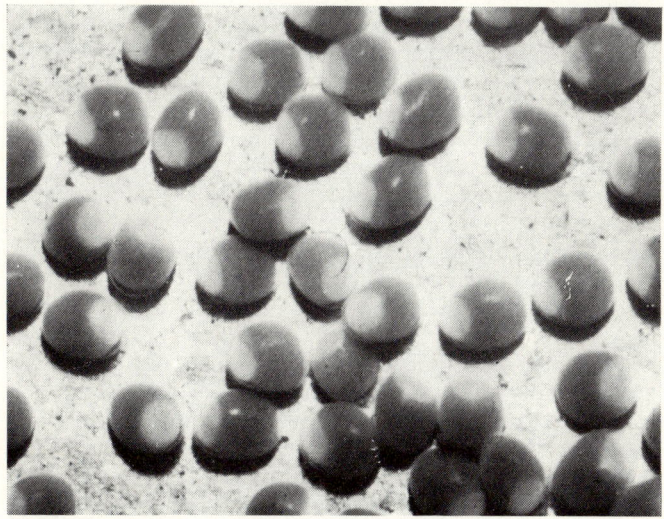

Foto 15   Eier von *Julidochromis dickfeldi*

des Sees und ziehen sich bei vermeintlicher Gefahr sofort in kleinste Spalten zurück, wobei vertikale Spalten offenbar horizontalen vorgezogen werden (STAECK). Haltung und Zucht dieser Versteckbrüter dürften nicht schwieriger sein, als sie es bei anderen *Julidochromis*-Arten sind. Ihrer Größe entsprechend benötigen die Tiere kein allzugroßes Becken, so daß man bei Artenhaltung durchaus mit 50−60 cm Gesamtlänge auskommt. In diesem Fall soll natürlich ein geregelter Wasserwechsel dafür sorgen, daß die sich bildenden Giftstoffe damit zum Teil entfernt werden.

Bei einem kürzlichen Aufenthalt am südlichen Tanganjika-See konnten folgende Wasserwerte ermittelt werden: Gesamthärte 11° GDH, pH-Wert um 9,0. Die Wassertemperatur betrug 25° C.

Julidochromis marlieri POLL, 1956   Farbtafel IV

Diese Endemiten des Tanganjika-Sees leben ebenfalls in der Felsenzone und werden bis zu 15 cm groß. Sie sind Versteckbrüter. Alte Männchen tragen einen wulstigen Nackenbuckel, der ihnen ein überaus bulliges und starkes Aussehen verleiht. Sie sind gute Aquarienpfleglinge, die man in einem mittelgroßen Becken meist mit mehreren Weibchen „ansetzt". Es ist jedoch sehr darauf zu achten, daß man nach der Paarbildung alle anderen Artgenossen, zu denen keine Partnerbindung besteht, schnellstens entfernt, weil sie stark bekämpft und und in Aquarien durchschnittlicher Größe meist getötet werden. Bei Wasserwerten um 11° DGH und einem pH-Wert, der im See (eigene Messung bei Bujumbura) bei 9, im Aquarium aber auch etwas niedriger liegt. Eine starke Beleuchtung ist nicht nötig. Gemessen an der versteckt geführten Lebensweise der Tiere sollte man ihnen ein gut eingerichtetes Becken mit vielen Steinhöhlen anbieten. Da sich jeder Pfleger sicherlich mit züchterischen Ambitionen an die Haltung macht, muß er die Tiere genau beobachten. Kommt es beispielsweise zur Harmonisierung des Männchens mit einem Weibchen, wird fast immer ein weiteres gleichgeschlechtliches Tier, das man dem Männchen zur weiteren Wahl beigab, erbarmungslos gejagt. Den „Rest" der Zucht (oder besser gesagt: ihre Hauptsache!) machen dann beide Partner unter sich ab. Der Pfleger kann nur noch warten, bis sich die freischwimmenden Jungen frei im Becken zeigen, um sie dann kräftig mit entsprechendem Kleinstfutter (Artemia und Staubfutter) großzuziehen.

Julidochromis ornatus BOULENGER, 1898   Farbtafel IV

Wie alle *Julidochromis*-Arten ist auch *J. ornatus* im Tanganjika-See endemisch, doch bleibt er gegenüber ihren vorgenannten Verwandten wesentlich kleiner und ist mit einer Maximallänge von 8,5 cm ausgewachsen. Für die Bewohner der Felszone wird auch wieder ein mit Steinen oder Steinplatten eingerichtetes Becken wichtig sein. Ebenfalls sollen Höhlen mit eingebaut werden, damit Verstecke nicht nur aus Ritzen und Spalten bestehen müssen. Je nach Anzahl der gepflegten Tiere im Arten-

Foto 16   *Julidochromis ornatus* vor der Eiablage beim Putzen des Verstecks

53

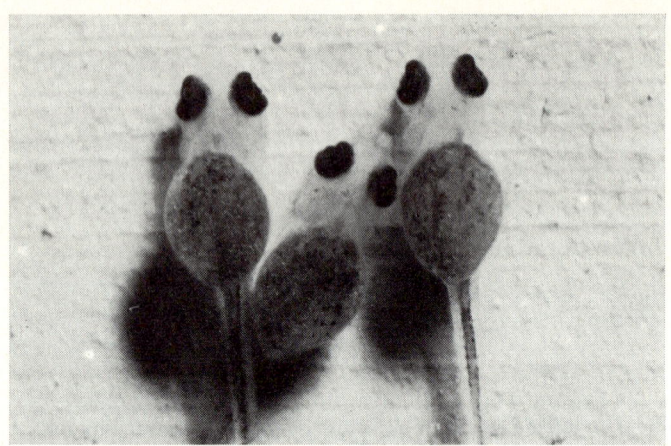

Foto 17   *J. ornatus*, Larven – Dottersack gut erkennbar

becken müssen die Behälter verschieden groß sein. Unter eine
Beckenlänge von 50 cm sollte man jedoch nicht gehen. Die
Wasserwerte müssen nicht sehr eng begrenzt sein, doch ist es
nicht richtig, wenn man davon ausgeht, daß eine Gesamthärte
von 18–20° normal sei. Auch im Lebensbereich des *J. ornatus*,
dessen Fanggebiete überwiegend auf der Zaire-Seite des nördlichen Tanganjika-Sees liegen, beträgt die Gesamthärte 11° bei einem pH-Wert von 9. Da von den Tieren fast ausnahmslos
Nachzuchten gehandelt werden, braucht man diesen Werten
wohl nicht die ganze Bedeutung beizumessen, weil die Nach-
zuchttiere schon wesentlich anpassungsfähiger sind als die
Wildfänge.

Wer den Ablauf der Zucht gern beobachten möchte, der soll
den Tieren einige Höhlen anbieten, die nach rückwärts verschlossen sind und eine zur Frontscheibe hin ansteigende glatte
Deckenplatte aufweisen. Da die Höhlenbrüter zur Eiablage
meistens die Höhlendecke bevorzugen, hat der Pfleger auf diese
Art Einsicht auf das Gelege und kann notfalls auch mit der Ta-

Foto 18 *J. ornatus,* Jungfisch, 17 Tage nach der Eibefruchtung und 10 Tage nach dem Freischwimmen

schenlampe hineinleuchten. Die stecknadelkopfgroßen Eier sind leicht braun gefärbt. Die Jungfischchen hängen dann nach knappen 60 Stunden mit dem Kopf nach oben von der Höhlendecke. Nach einer knappen Woche schwimmen sie frei. Da sie sich noch nicht frei vor der Höhle zeigen, kann man das Futter mit einem langen Rohr (auch Pipette) vor den Höhleneingang geben. Gut harmonierende Elterntiere werden die Zucht bald, nachdem die eine Brut „aus dem Hause" ist, fortsetzen.

Julidochromis regani POLL, 1942   Farbtafel IV

Die Art gilt auch heute noch, viele Jahre nach ihrer Einbürgerung als Aquarienfisch, zu den ausgesprochenen Raritäten. Sie lebt im Tanganjika-See als Endemit, wo man die Art aber auch nur an bestimmten Stellen finden kann. Wie ihre Gattungsverwandten sind auch sie Höhlenbrüter. Die Fische werden bis zu etwa 15 cm groß. Die Haltung im Aquarium entspricht der der vorgenannten Arten, doch hat sich gezeigt, daß manche Tiere veränderten Wasserwerten gegenüber recht negativ reagieren. Gemessen am Verhalten der *Julidochromis*-Arten allgemein, kann man *J. regani* als verträglichste Art bezeichnen.

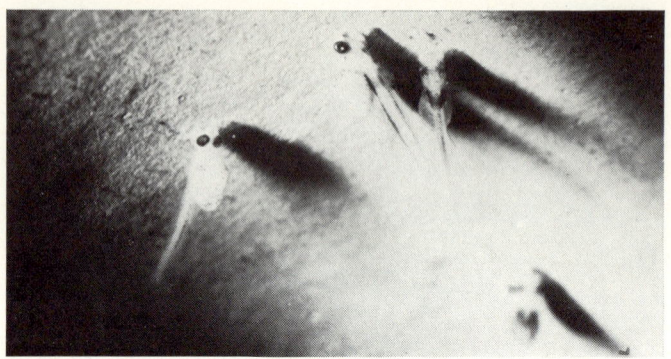

Foto 19 *Julidochromis regani*, Larven mit Dottersack

Julidochromis transcriptus MATTHES, 1959   Farbtafel IV

Hier haben wir es offenbar mit der kleinsten der *Julidochromis*-Arten zu tun, die eine Länge von etwa 6,5 cm nicht überschreiten soll. Auch für die Nachzucht dieser Art gilt das bei *J. ornatus* Gesagte. Die Farbtafel IV zeigt deutlich den Unterschied zwischen den Arten, wie man ihn optisch feststellen kann.

Gattung Lamprologus

Artenreichste Cichlidengattung im See, doch leben nicht alle der zur Gattung gehörenden Arten im Tanganjika-See. Ebenso finden wir innerhalb der Vertreter dieser, im Jahre 1891 von Louise SCHILTHUIS aufgestellten Gattung Arten unterschiedlichen Körperprofils. Dies hat seinen Grund, denn nicht alle bewohnen den gleichen oder nur ähnlichen Lebensraum: Einige gehen weiter ins offene Wasser hinaus und ernähren sich als Fischräuber. Dies sind Arten wie *L. attenuatus, L. christyi, L. cunningtoni, L. elongatus, L. pleuromaculatus* und *L. profundicola*. Einige von diesen Arten sind ja bereits seit einigen Jahren

56

eingeführt und hinreichend bekannt. Einige andere, besonders kleinbleibende Arten, leben über und in mehr oder weniger schlammigem oder verschmutztem Boden, in dem auch die Schnecken der Gattung *Neothauma* vorkommen. Die kleinen Fische benutzen leere Schneckenhäuser, die kaum einen größeren Gehäusedurchmesser als 4 cm haben, als Versteck. Zu ihnen gehören die ebenfalls gelegentlich eingeführten Arten *L. brevis, L. hecqui, L. multifasciatus* und *L. ocellatus.* Diese Fische (vergleiche auch Angaben auf Seite 20) haben sich so an das Leben in leeren Schneckenhäusern gewöhnt, daß sie (zumindest im Aquarium) sich beim Fehlen einer solchen Behausung kaum fortpflanzen.

Aus den vorangegangenen wenigen Aufzählungen kann man erkennen, daß es an der Zeit wäre, die Vertreter dieser Gattung einer genaueren Revision zu unterziehen und die Arten möglicherweise in andere, neu zu schaffende Gattungen umzustellen. Unter der Berücksichtigung, daß man den Tanganjika-See-Arten noch die des Kongo/Zaire-Beckens zurechnen muß und es unter all den Arten eine Menge unterschiedlichster Merkmale gibt, sollte diese Arbeit nicht mehr lange auf sich warten lassen. Eines haben die *Lamprologus*-Arten allerdings gemeinsam: Keine der Arten ist Maulbrüter.

Aus Raumgründen werden nur die bekannteren Arten eingehender beschrieben, wogegen die übrigen wohl der Vollständigkeit halber namentlich angeführt werden. Arten der Gattung, die nicht im See vorkommen, fehlen; sie werden im Band „Buntbarsche West- und Ost-Afrikas" beschrieben. Gattungstyp ist *L. congoensis.*

Lamprologus attenuatus STEINDACHNER, 1909

Ein Endemit, der eine Länge von etwa 15 cm erreicht und häufig in der felsigen wie auch sandigen Litoralzone vorkommt. Er stößt auch ins Sublitoral vor und geht dabei auf Tiefen bis zu 25 m hinunter (POLL). Gelegentlich vergreifen sie sich mit ihrem starken Gebiß an den Schuppen anderer Fische.

Foto 20   *Lamprologus attenuatus*

Die Tiere haben eine braungelbe, zuweilen orangefarben schimmernde Körperfärbung. Über dem Rücken zeigen die Tiere, stimmungsbedingt, 6—8 breite Querbinden. Die Körperschuppen weisen kleine, silbrig glänzende Tüpfel auf, die jedoch häufig auch versetzt vorkommen, so daß kein einheitliches Längslinienmuster entsteht. Mit Ausnahme der transparenten Brustflossen sind alle übrigen grau und schimmern leicht bläulich. Einen ähnlichen Schimmer zeigt der Kopf, bei dem Lippen und eine schmale Augenbinde kräftiger blau irisieren. Als Synonym dieser Art gilt aus Prioritätsgründen *L. pleurostigma*, der von BOULENGER erst 1914 beschrieben wurde.

Lamprologus brevianalis BOULENGER, 1906   ohne Abb.

Eine mit 8—10 cm nicht groß werdende Art von gestreckter Körperform. Der Autor beschrieb die Art als: Braun, unterwärts etwas heller, mit dunkleren und helleren Längsstreifen auf den Körperseiten zuzüglich fünf breiten dunklen Querbinden. Unpaare Flossen mit einer Vielzahl weißlicher Tüpfel.

Lamprologus brevis BOULENGER, 1899   ohne Abb.

Besonders klein bleibende Art von nur 4—5 cm Länge. Gehört zur Gruppe der sogenannten Schneckenbuntbarsche, die in leeren Gehäusen von Schnecken der Gattung *Neothauma* leben und sich vermehren. Einheitlich braun in der Grundfärbung.

Unterseite heller; mit schwarzem Fleck auf dem Kiemendeckel. Flossen braun und ungemustert; Rückenflosse mit schwarzem Endstück, ebenso die Bauchflossen. Die Art würde sich wahrscheinlich sehr gut als Aquarienfisch eignen, doch unglücklicherweise liegt ihr Lebensraum über schlammigem und sandigem Grund zu tief, um die Tiere ohne einen besonderen Aufwand, der sich dann scharf auf die Preise niederschlagen würde, zu fangen und an die Oberfläche zu bringen. *L. calliurus* BOULENGER, 1906 wird von POLL (1978) als Synonym dieser Art angesehen.

Lamprologus brichardi POLL, 1974

Der früher als *Subspecies „L. savoryi elongatus"* und unter der deutschen Phantasiebezeichnung „Prinzessin von Burundi" geführte Fisch hat jetzt auch nach der Nomenklatur seinen Platz. Bei diesem Endemiten haben wir es diesmal nicht mit einem Maul-, sondern mit einem Substratbrüter zu tun. Aber auch sie können im Aquarium recht ruppig werden und Mitbewohner, die sie als „revierbehindernd" empfinden, mit kräftigen Rammstößen vertreiben. Aus diesem Grund sollte auch ihr Becken mit einer Anzahl von Höhlen und anderen Verstecken ausgestattet sein, damit auch die Vertriebenen noch ein Plätzchen finden, an dem sie sich ungestört aufhalten können. Entsprechend den Unterwasser-Gegebenheiten im Tanganjika-See verwendet man natürlich keine Äste und anderes organisches Material (Moorkienholz-Wurzeln usw.), das mit der Zeit das Wasser ansäuern könnte. Bekanntlich (vgl. Vorwort) liegt der pH-Wert in den afrikanischen Seen des Grabensystems oberhalb der Neutralmarke — teilweise sogar ganz erheblich. Das Wasser ist demnach alkalisch und nicht sauer.

Wie bei allen Buntbarschen, so schafft man auch bei *L. brichardi* gleich eine Reihe von Tieren an, wenn man sich Erfolge bei der Zucht versprechen will. So können sich Paare bilden. Natürlich muß man die Aquarium-Belegschaft ständig beobachten, da es sonst zu harten Kämpfen kommen wird. Hier

Foto 21 *Lamprologus brichardi*

wird der Pfleger vorsorglich eingreifen. Geschlechtsunter-
schiede sind kaum erkennbar. Das gesamte Brutgeschäft läuft
ähnlich ab wie bei den *Juliodochromis*-Arten (verl. *J. ornatus*).
Auch hier werden die Eier der Höhlenbrüter an die Decke des
Verstecks geheftet. Falls man den Tieren keine passende Höhle
anbietet, laichen sie gern an einem überhängenden Stein ab. Die
Jungfische schwimmen nach einer guten Woche frei, nachdem
die Larven etwa drei Tage nach Eiablage ausgeschlüpft sind. Es

kann vorkommen, daß die Eltern schon bald nach dem Schlupf wieder ablaichen, so daß schließlich Jungtiere verschiedener Laichperioden im Becken schwimmen.

Da der Pflegeinstinkt der Elterntiere schon früh nachläßt, wenn er nicht durch Fremdfische aufrechterhalten wird, sind diese Jungen dann sich selbst überlassen. Es findet aber kein kannibalisches Fest statt, weil etwa die älteren und größeren Jungfische ihre kleinen Geschwister auffressen würden. Im Gegenteil: die größeren Tiere spielen sich eher zu Beschützern ihrer jüngeren Verwandten auf.

Lamprologus callipterus BOULENGER, 1906

Diese gestreckte Art ist im Tanganjika-See endemisch und bewohnt dort die Felszone. Die räuberisch lebenden Tiere mit dem kräftigen Gebiß werden bis etwa 15 cm lang und gehören

Foto 22 *Lamprologus callipterus*

61

zu den Substratbrütern. Ihre marmorierte Tarnfärbung läßt die bekannte Buntheit vieler Fische des Sees vermissen. Lediglich einige Braun-beige-Töne überziehen den Körper.

Die leicht rötlichen Wangen mit den blauen Lippen bilden den einzigen farbigen Kontrast. In ihrem natürlichen Biotop liegen die Tiere im Bereich der seichteren Uferzone meist bäuchlings auf der Lauer, um Nahrung zu erbeuten. Diese Lebensweise ist verschiedenen *Lamprologus*-Arten zueigen, und ihre Körperform läßt diese ruhende Lebensweise deutlich erkennen: Die Bauchpartie ist gegenüber der der Dauerschwimmer deutlich abgeflacht.

Lamprologus calvus POLL, 1978   Farbtafel VII

Mit der Beschreibung dieser „neuen" Art bekam ein in den letzten Jahren häufig eingeführter „alter Bekannter" der Aquarianer einen neuen Namen. Seither wurde die Art lediglich als Rasse von *L. compressiceps* eingestuft, wobei allerdings die allgemeine Auffassung bestand, daß diese Art wesentlich attraktiver wäre. Dies ist tatsächlich der Fall, denn bei diesen Tieren ist die Grundfärbung nicht gräulich wie bei *L. compressiceps*, sondern sie haben einen Goldockerton, so daß die dunklen Querbinden wesentlich markanter hervortreten. Über dem dunkleren Hinterkörper liegen hell irisierende Tüpfel, die, je nachdem wie das Tier im Licht steht, an einen Sternenhimmel erinnern. Diese Tüpfel ziehen sich übrigens in alle Flossen (ausgenommen die Brustflossen) hinein. Auf der Oberlippe liegt eine feine, blau irisierende Binde.

Mit seinem erwähnten Verwandten hat diese Art die Lebensweise und die damit verbundene Nahrungsaufnahme gemein: Beide haben ein weit vorstülpbares Maul, mit dem sie blitzschnell Beutetiere (das müssen nicht nur Fische sein) schnappen können. Sie haben mit diesem Beuteverhalten Ähnlichkeit mit den über einige Erdteile verbreiteten Nanderbarschen. Auch diese Art hat einen „kompressen" (= seitlich stark zusammengedrückten) Kopf und Körper. Zum Beutemachen stehen die

Fische, den Kopf vornab geneigt (siehe hochgezogener Unterkiefer) im Versteck. Mit der Zeit würde eine dauernde Fütterung mit kleinen Fischen für den Aquarianer sicherlich Probleme aufwerfen: Keine Sorge, man kann diese Buntbarsche auch mit anderen Futterarten ernähren, doch bedarf es dazu einer Eingewöhnung. Vorsichtige Versuche zeigen bald, welche Futterart die Fische „zur Not" vorziehen.

Lamprologus caudopunctatus POLL, 1978

Ein weiterer Vertreter aus dem Süden des Tanganjika-Sees, von dem 13 Exemplare dem Autor als Beschreibungs- (Typen-) Material dienten. Die bis zu 6 cm langen Tiere stammen aus der Kasaba Bay im Norden von Sambia sowie aus der im gleichen Seeabschnitt gelegenen Kamba Bay. Die Grundfärbung der Fische ist gelblich, der Kopf leicht grau, ebenso wie die Flossen. Im weichstrahligen Bereich von Rücken- und Afterflosse stehen farblose kleine Punkte; die Schwanzflosse trägt ebenfalls kleine Punkte (Artname), doch sind diese schwarz und recht kontrastreich. Eine Ähnlichkeit mit *L. leloupi* ist gegeben.

Die Tiere sind bereits seit einiger Zeit im Handel, doch stehen Erfahrungs- und Nachzuchtberichte noch aus. Man darf jedoch davon ausgehen, daß sich die Tiere ähnlich wie die Mehrzahl der Gattungsverwandten verhalten.

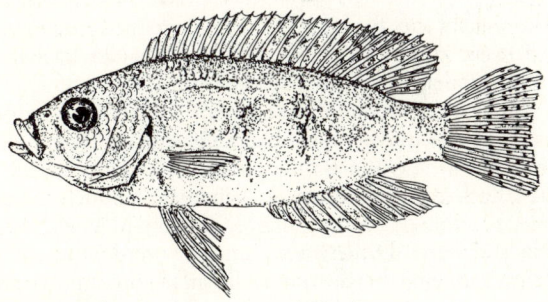

Abb. 19   *Lamprologus caudopunctatus* (nach POLL)

63

Lamprologus christyi Trewavas & Poll, 1952

Brichard stellt diese bis etwa 14 cm lange Art außerhalb der bekannten und in Aquarien gepflegten Arten. Die kräftigen Kiefer mit den recht langen Hundszähnen lassen den Räuber vermuten, die breiten, oben abgeflachten mittleren Schlundzähne weisen auf eine Bereitschaft zum Aufbrechen von Muscheln hin. Magenuntersuchungen ergaben in der Tat einen Rückstand aus aufgenommenen Insektenlarven, Krebstieren und Mollusken (= Weichtieren). Aquaristisch ist die Art nicht bekanntgeworden.

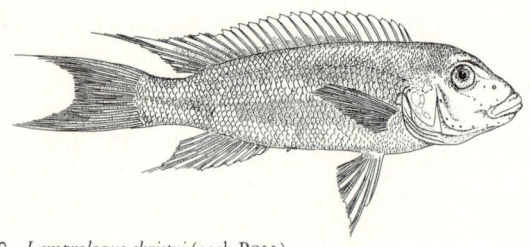

Abb. 20   *Lamprologus christyi* (nach Poll)

Lamprologus compressiceps Boulenger, 1898   Farbtafel VII

Es gehört nicht viel Einfühlungsvermögen dazu, um hinter der seitlich stark zusammengedrückten Art mit der flachen Stirn und dem großen Maul einen Räuber zu vermuten. Die meist flach anliegende Rückenflosse kann, aufgestellt, besonders hoch und groß wirken (Foto). Die Tiere sind im Tanganjika-See endemisch und bewohnen dort die mit Pflanzenbeständen versehenen flacheren Felszonen, in denen sie, ähnlich ihren Namensverwandten *(H. compressiceps)* aus dem Malawi-See, ihren Opfern auflauern. Die etwa 15 cm lang werdenden Substratbrüter tragen eine beige-braune Tarnfärbung mit vertikalen Mustern.

Foto 23 *Lamprologus compressiceps*

Im Aquarium können sich viele Exemplare als durchaus friedliche Gäste erweisen, die dann sogar wesentlich kleinere Mitbewohner unbehelligt lassen — vorausgesetzt, der Pfleger trägt ausreichend Sorge für ihre Sättigung.

Im Süden des Tanganjika-Sees wurde Mitte der siebziger Jahre eine vermeintliche „südliche Rasse" dieser Art entdeckt, die sich jedoch bei genauerer Untersuchung (durch POLL) als selbständige Art erwies. Der belgische Wissenschaftler beschrieb daraufhin *L. calvus* POLL, 1978, über den hier in einer vorausgegangenen Artbeschreibung zu lesen ist.

Lamprologus cunningtoni BOULENGER, 1906   (Abb. S. 66)

Ein für ein Leben im Aquarium sehr schlecht geeigneter Vagabundierer, der allein von seiner Größe her (25—30 cm) wenig Eignung zeigt. Der Krabbenfresser hat einen schlanken, hell-beigebraunen Körper und ist, ähnlich wie *L. attenuatus*, mit hunderten feinster silbriger Tüpfel überdeckt. Im Vergleich mit dieser Art hat *L. cunningtoni* jedoch einen gestreckten Kopf mit unübersehbar großen Augen. Über dem Rücken liegen 7—8 meist nur sehr schwach angedeutete breite Querbinden.

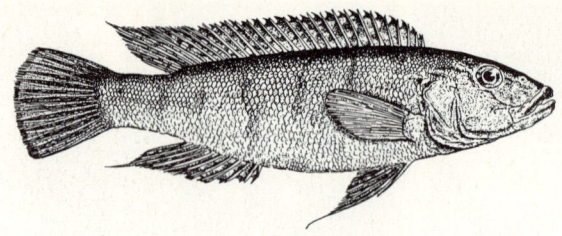

Abb. 21 *Lamprologus cunningtoni* (nach BOULENGER)

Lamprologus elongatus BOULENGER, 1898

Eine endemische Art, die die Zone des Felslitorals bevölkert. Die bis zu knapp 20 cm groß werdenden Fische sind weit verbreitet. Ihre schlanke, gestreckte Form läßt in ihnen schnelle Schwimmer erkennen. Die Färbung weist auch hier ein Tarnkleid aus, woraus man auch wieder auf räuberischen Nahrungserwerb schließen kann. Auf grünlichgrauem Körpergrund liegen, beginnend hinter den Kiemendeckeln, mehrere Längsreihen großer, grellweißer unregelmäßig angeordneter Flecke, von denen die der beiden mittleren Reihen besonders groß ausgebildet sind. In der oberen Körperhälfte sowie der Körpermitte erkennt man dunkle, fast schwarze, grobe Punktreihen, von denen sich die obere bis in die Dorsale hineinzieht. Dieses Punkt- und Fleckenmuster bewirkt unter Wasser eine beinahe völlige auflösende Wirkung. Im Aquarium nehmen die Fische Futter erst nach vorsichtiger Eingewöhnung, soweit es nicht lebend ist. Jungfische nimmt der Räuber ohnehin sofort, doch dürften sie ihm auf Dauer wohl kaum geboten werden können. Insofern macht die Haltung einige Schwierigkeiten. Nur schwer sind die Tiere an Warmblüterfleisch zu gewöhnen. Zu Boden gefallenes Futter wird nicht mehr angenommen. Die Nachzucht ist schon wiederholt gelungen.

Foto 24   *Lamprologus elongatus*

Lamprologus fasciatus BOULENGER, 1898

Die quergebänderte Art wird in der Hauptsache vom Süden des Sees eingeführt. Ihr Körper ist auffällig schlank und trägt einen zugespitzten Kopf. Etwa 14 cm dürften die Tiere lang werden. Sie zeigen eine ockerbraune Grundfärbung, die sich bis in die

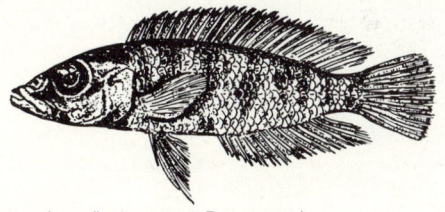

Abb. 22   *Lamprologus fasciatus* (nach BOULENGER)

Flossen hineinzieht. Die über den Flanken liegenden 8–9 schwarzbraunen Querbinden sind in ihrer Breite wie auch ihrer Anordnung über dem Körper ungleichmäßig. Am Ende des Schwanzstieles befindet sich ein dunkler Fleck. Auch der Kopf ist von Bindenmustern überdeckt. Die dunklen Linien zwischen den Augen stehen mit dem dunklen Band über der Oberlippe durch Schrägbinden in Verbindung. Die Schwanzflosse ist gerundet.

Lamprologus furcifer BOULENGER, 1898

Die bis zu etwa 15 cm groß werdende Art bewohnt das Felslitoral des Sees. Der Endemit mit dem überaus großen Kopf und der abgeflachten Bauchlinie ist ein Höhlenfisch mit sehr ausgeprägter Revierbindung, den man in nicht zu kleinen Aquarien halten soll. Da die Tiere schnell einmal in Streit geraten, ist das Einbringen von Höhlen mit einander etwas abgewandten Eingängen ratsam. Es wird ausschließlich Lebendfutter angenommen, wobei die Tiere offenbar Wasserflöhen den Vorzug geben. Der graue Körper trägt bei Wohlbefinden einen gelbgrünen bis orangefarbenen Schimmer. Es sind einige Standortvarianten bekannt, bei denen sich eine unterschiedliche Flossenfärbung zeigt. Über die Nachzucht wurde noch nichts bekannt.

Foto 25 *Lamprologus furcifer*

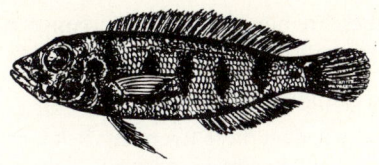

Abb. 23 *Lamprologus hecqui* (nach BOULENGER)

Lamprologus hecqui BOULENGER, 1899
Höchstens 8 cm wird die Art lang. Bisher nicht eingeführt, weil
wahrscheinlich in traditionellen Fanggebieten nicht vorhanden
oder zu tief. Einige der bekannten Angaben, Ausführungen
von POLL entnommen, lassen erkennen, daß die Art in unterschiedlichen Lebensräumen angetroffen wurde: Über Sandboden wie auch im Felslitoral. Die Tiefenangaben für die von POLL
angegebenen Fänge am Ostufer (südlich von Kigoma etwa bis
Utinta) wie am Westufer (südlich von Kalémié bis Sumbu) reichen von 5–100 m. Entsprechend dieser weiten Verbreitung ist
es nicht verwunderlich, daß derselbe Autor von einer variablen
Färbung spricht. Die Grundfarbe dürfte ein graustichiges
Braun sein, die Flanken tragen eine Reihe dunkler Flecke.

Lamprologus kendalli POLL & STEWART, 1977   ohne Abb.
Eine Art aus dem Süden des Sees, die nahe mit *L. elongatus* und
L. nkambae verwandt ist. Das Fundgebiet liegt im Gebiet der
Mutondwe-Insel (vergleiche Karte Seite 12) in Sambia. Die Tiere dürften etwa 16 cm lang werden, haben eine gestreckte Körperform mit spitz zulaufendem Kopf und einem tief gespalte-
nen Maul mit vorstehendem Unterkiefer. All dies läßt auf ein
räuberisches Leben schließen. Die Grundfärbung ist braun mit
gelblichen und schwarzen Längsbinden über den Flanken der
oberen Körperhälfte. Die Bänder sind ober- und unterseits
nicht gerade abgegrenzt, sondern unregelmäßig ausgezackt.
Flossen mit hellen Tüpfeln in den Membranen. Die Art wurde
m. W. bis heute nicht eingeführt, so daß die farblichen Anga-

ben, der Erstbeschreibung entnommen, einige Abweichungen an lebenden Tieren haben können.

Lamprologus kungweensis POLL, 1956

Aquaristisch wurde über diese Art nichts bekannt, weil die kleinen, nur (nach POLL) knapp 4 cm langen Nahrungsspezialisten bisher nicht eingeführt werden konnten. Auch der Autor läßt bereits ihre Seltenheit im See erkennen, weil während der Expedition an drei Plätzen nur insgesamt sieben Exemplare gefangen werden konnten. Sie lagen in der Bucht von Kalémié sowie in der etwa gegenüber gelegenen Bucht von Kungwe. Der Lebensraum dieser Art liegt in einer Tiefe zwischen 10 und 40 m über Sandgrund und in leeren Gehäusen der Neothauma-Schnecken. Über die Lebendfärbung können keine genauen Angaben gemacht werden.

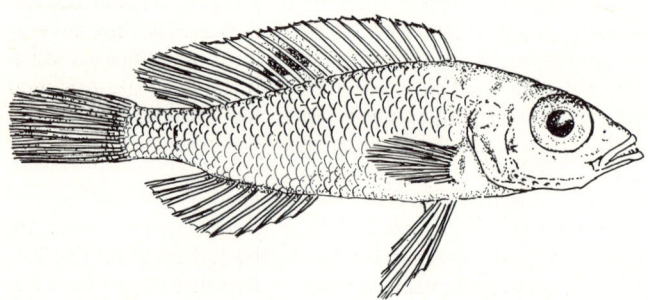

Abb. 24 *Lamprologus kungweensis* (nach POLL)

Lamprologus leleupi POLL, 1956   Titelfoto

Dieser ausgesprochen schöne „Goldcichlide" gehört zu den Höhlenbrütern und wird höchstens 9 cm lang. Die leider viel zu selten eingeführten Tiere kommen in zwei Unterarten vor, wobei die schönere, *L. leleupi leleupi* sich offenbar erst aus der später beschriebenen zweiten Unterart, dem schwärzlich gefärbten *L. leleupi melas* MATTHES, 1959 entwickelt hat, die somit wohl als die farbliche Grundform anzusehen ist.

Allerdings haben sich die beiden Unterarten soweit voneinander getrennt, daß ein Paar *L. leleupi leleupi* nicht etwa gemischte Junge, sondern auch wieder reingelbe Nachfolgen züchtet. Eine weitere Unterart beschrieb STAECK 1980 als *L. leleupi longior*.

Die Zucht dieser Höhlenbrüter verläuft ähnlich der der *Julidochromis*-Arten, doch sind diese Tiere fast noch verstecksüchtiger als die der genannten Gattung. Die größeren Männchen tragen einen leichten Stirnbuckel. Sie sind recht ruppig zu ihrer Partnerin. Bei der meist üblichen Vergesellschaftung mit mehreren Weibchen neigen die männlichen Tiere dazu, den nicht erwünschten Partnerinnen derart zuzusetzen, daß man sie bald nur tot aus dem Becken fischen kann. Bei Wasserwerten von 12–15° DGH und einem pH-Wert unbedingt über der Neutralgrenze (7) geben die Weibchen ein Gelege zwischen 80 und 150 Eier ab, von denen unter günstigen Bedingungen nur wenige verpilzen. Je nach Wassertemperatur (25–27° C) schlüpfen die Jungen nach 50–60 Stunden und schwimmen nach weiteren sieben Tagen frei. Sie bewegen sich danach aber immer streng im Schutz des nächsten Höhlengebietes.

Lamprologus leloupi POLL, 1948

Nur ein kleiner Unterschied von nur einem Buchstaben im Namen – und schon haben wir es mit einem anderen Fisch zu tun. Diese kaum eingeführte Art von eintöniger grauer Färbung sei auch nur dieses Unterschiedes wegen hier vermerkt. Die Tiere werden etwa 6 cm lang und bewohnen als Endemiten die Felszone.

POLL beschrieb die Art nach nur einem Exemplar, das im Felsengebiet südlich von M'toto (einem kleinen Ort nördlich von Moba am südlichen Zaire-Westufer) in 2–4 m Tiefe gefangen wurde.

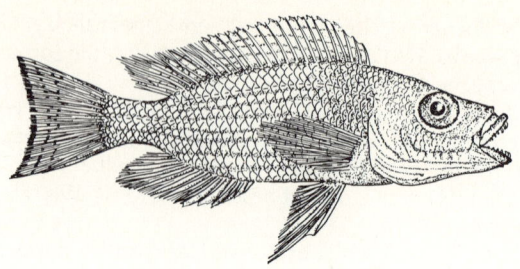

Abb. 25 *Lamprologus leloupi* (nach POLL)

Ebenfalls seit seiner Beschreibung nicht mehr festgestellt wurde *L. marginatus* BOULENGER, 1914, beschrieben nach einem 12 cm langen Exemplar, das etwas weiter südlich als die vorgenannte Art (bei Vua) gesammelt wurde.

Lamprologus lemairii BOULENGER, 1899

Ein Substratbrüter, der ebenfalls endemisch ist. Er bewohnt die Felszone und wird bis etwa 22 cm groß. Die Tiere führen eine ähnliche Lebensweise wie *L. elongatus:* Sie sind Fischräuber. Ihre Färbung ist entsprechend einfach wie tarnend, weshalb sie

Foto 26 *Lamprologus lemairii*

auf schmutzigsilbernem Körpergrund lediglich ein Muster aus Flecken tragen. Die Tiere werden nur selten eingeführt.

Beobachtungen im See ergaben die Feststellung, daß sie reine Einzelgänger sind, die sich lediglich zur Fortpflanzung zusammenzufinden scheinen. Die Weibchen pflegen die Jungen allein und beschützen sie, bis diese für sich selber sorgen können (Mutterfamilie).

Lamprologus meeli POLL, 1948

Eine nur knapp 7 cm lang werdende Art, deren 136 Exemplare des Typenmaterials ausschließlich in der Lagune von Katibili (südlich von Kalémié an der Westküste) gesammelt wurden. Leider ist es kaum möglich, heute an diesen Teil des Sees zu gelangen, um die beabsichtigten Fänge auszuführen.

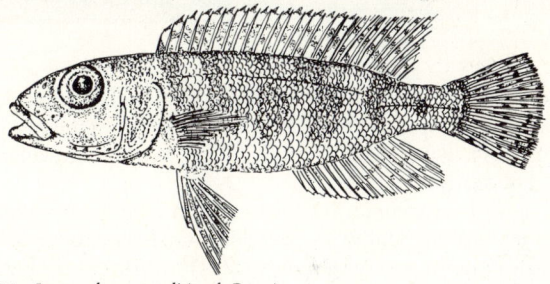

Abb. 26 *Lamprologus meeli* (nach POLL)

Lamprologus modestus BOULENGER, 1898

Die bis zu 12 cm groß werdende Art findet man im Felslitoral des Tanganjika-Sees, in dem die Tiere endemisch leben. Sie erinnern in ihrer Körperform etwa an den folgenden *L. ornatipinnis*, obgleich sie weniger oft auf dem Bauch liegend anzutreffen sind. *L. modestus* ist keine Farbschönheit. Die Tiere zeigen eine grauolive Grundfärbung. Bei Wohlbefinden erscheint der Körper mit einem leicht rostroten Schimmer überzogen, zu

Foto 27 *Lamprologus modestus*

dem die zartgrünen kleinen Keilpunkte auf den Schuppen in konträrem Farbspiel stehen. Die Rückenflosse trägt einen blaßgelben Saum. Rücken, Stirn und „Nase" wirken zuweilen wie grün gepudert.

Diese weit verbreitete Art wird meist in Übergangszonen angetroffen, wo sie Schutz im Bereich von Felsen oder Steinen (Geröll) finden. Das Gelege wird jedoch nie direkt im Felslitoral angelegt, sondern im Sand, in Anlehnung an einen Stein oder ein größeres Schneckenhaus, zu denen eine Art Tunnel gegraben wird. Beide Eltern beteiligen sich an der Brutpflege.

Lamprologus mondabu BOULENGER, 1906

Der Autor beschrieb die Art nach nur zwei Exemplaren von 10,5 cm Länge (Sammlung Cunnington) aus dem Gebiet um Kap Kabogo südlich von Kigoma. Da nur die Farbbeschreibung des präparierten Materials angegeben und die Tiere höchstens als Beifang eingeführt werden könnten, kann keine Lebendfärbung angegeben werden.

Foto 28 *Lamprologus mondabu?* Unter dem Namen werden die Fische gehandelt

Lamprologus moorii BOULENGER, 1898

Die seit einer Reihe von Jahren im Handel befindliche Art kommt nicht im Norden des Sees vor; alle bekannten Fänge stammen vom südlichen Teil des Sees, und zwar von beiden Ufern. Importe kommen heute meist aus der zu Zambia gehörenden Kasaba Bay.

Abb. 27 *Lamprologus moorii* (nach BOULENGER, verändert)

Von der Körperform her unterscheidet sich *L. moorii* im Vergleich von den vielen gestreckten Arten der Gattung. Die Tiere sind hochrückiger und seitlich stärker zusammengedrückt. Im Laufe ihrer Entwicklung wechseln sie ihre Färbung: Während die Jungfische noch eine gelbliche Färbung zeigen, macht diese bei älter werdenden Tieren einem mittelgrauen Farbkleid Platz, über dem ein bläulicher Schimmer liegt. Schön sind die hellblauen Säume in den hinteren Bereichen der unpaaren Flossen wie auch am Ende der vorderen Bauchflossenstrahlen.

Die Endemiten leben auf steinigem Grund, ob es sich dabei um felsiges oder Geröllgebiet handelt, macht ihnen nichts aus. Sie bleiben stets in direkter Ufernähe und tauchen selten tiefer als nur ein paar Meter ab. POLL fand seine Sammlungsexemplare alle in Tiefen bis 4 m. Sie werden kaum länger als 10 cm.

Lamprologus multifasciatus BOULENGER, 1906

Ein weiterer, auf ein Leben in leeren Schneckenhäusern geprägter kleiner Cichlide, der mit 3–4 cm Gesamtlänge zu den kleinsten Vertretern der Buntbarsche im See gehört. Die Art ist vom mittleren Ostufer des Sees beschrieben worden (Kungwe).

L. multifasciatus sieht aus, wie ihn sein wissenschaftlicher Name beschreibt: Er hat viele Streifen bzw. Querbinden. Seine Grundfärbung ist lehmbraun und mit einer Vielzahl dunkler mittelbreiter Vertikalbänder (12–14) überdeckt. Diese Binden

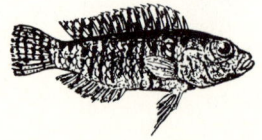

Abb. 28 *Lamprologus multifasciatus* (nach BOULENGER)

laufen nicht nur über die Körperseiten, sondern auch durch Rücken- und Afterflosse und weiter bis zum letzten Winkel der gerundeten Schwanzflosse, wo die Musterung meist mit vier Binden endet. Über dem Kopf liegen einige hellblaue Zonen und Linien.

Lamprologus mustax POLL, 1978 Farbtafel II

Der Autor beschrieb die relativ neue Art nach zehn Exemplaren aus den Gebieten um Cape Nundo, Chipimbi und der Nkamba Bay in Sambia. In ihrer goldgelben Körperfärbung erinnern die Tiere an *L. petricola*, wenngleich sie einige Zentimeter kleiner zu bleiben scheinen. Im Aquarium haben sich die Vertreter dieser neuen Art bisher als sehr streitsüchtig erwiesen, so daß einige Aquarianer die Meinung vertreten, daß sie nicht viele Freunde finden würden. Länge etwa bis 10 cm; besonders aggressiv gegenüber Artgenossen.

Lamprologus niger POLL, 1956

Die Verbreitungsgebiete der Art scheinen auf den beidseitigen mittleren Bereich des Sees beschränkt zu sein. Das Bestimmungsmaterial stammt von Kungwe (Ostseite) und Kabimba (Westufer, nördlich von Kalémié). Etwa 9 cm wird die Art lang

Abb. 29 *Lamprologus niger* (nach POLL)

und hat eine ähnliche Körperform wie *L. leleupi.* Der Insekten-
und Molluskenvertilger ist ein ausgezeichneter, schneller
Schwimmer, so daß es nicht leicht fällt, die Tiere in ihrem Lebensbereich zu fangen, obgleich man sie zuweilen bereits in nur
wenigen Metern Tiefe findet. BRICHARD beschreibt auch Vorkommen im nordwestlichen Teil des Sees. Die Grundfärbung
ist, wie bereits der Artname erkennen läßt, ziemlich dunkel, jedoch nicht schwarz (wahrscheinlich auf präparierte Tiere bezogen). Dunkelbraun bis gelborangebraun könnte man die Ge-
samttönung bezeichnen, die bis in die Flossen hineinreicht und
dort sogar noch weiter abdunkelt. Unpaare Flossen mit hellblauem Innenrand (submarginal): Standortvarianten haben rote
Töne in den unpaaren Flossen. Zudem sticht der goldene Au-
genring bei allen Exemplaren auffällig ab.

Lamprologus nkambae STAECK, 1978   Farbtafel VII

Die Art wurde vom Autor nahe der Nkamba Bay im Sumbu-
National-Park von Sambia entdeckt. Etwa 14 cm werden die
Tiere lang und sie haben einen langgestreckten Körper und
kommen ausschließlich in der Zone des Felslitorals vor, wo sie
sich dicht über dem Grund aufhalten. Sie führen wahrscheinlich
eine räuberische Lebensweise, wie auch das tief gespaltene Maul
mit dem vorspringenden Unterkiefer erkennen läßt. Verwandtschaftliche Beziehungen bestehen besonders zu *L. elongatus* einerseits und *L. kendalli* andererseits.

Die Grundfärbung der Tiere ist schwarzbraun. Über den
Flanken liegt ein Muster silbrigbeiger unregelmäßiger Zick-
zacklinien. Alle Flossen, ausgenommen die gelblichen Brustflossen entsprechen der Grundfärbung und sind im Bereich der
oberen Körperhälfte mit silbrigbeigen Tüpfelmustern durchzogen. Besonders der Kopf mit den großen Augen zeigt ein ver-
wirrendes Muster an gezackten Linien. Die aquaristische Haltung dürfte den beiden erwähnten Verwandten entsprechen.

Abb. 30   *Lamprologus obscurus* (nach POLL)

Lamprologus obscurus POLL, 1978
Die Art wurde nach Exemplaren aus dem Süden des Sees beschrieben, nach elf Exemplaren vom Cape Chipimbi im Norden Sambias. Das größte Tier war etwas über 7 cm lang. Die Fische haben einen nur mäßig gestreckten Körper, doch ist dieser
seitlich stark zusammengedrückt. Der vordere Rücken ist nicht
so hoch wie bei *L. calvus* und *L. compressiceps*, doch ist auch bei
dieser Art der Unterkiefer schräg nach oben gestellt, und das
ebenso tief gespaltene Maul läßt den Räuber vermuten. Färbung
allgemein düster schwarzbraun. Keine genaueren Angaben
möglich, da meines Wissens noch nicht eingeführt.

Lamprologus ocellatus (STEINDACHNER, 1909)   Farbtafel VI

Nur 4,5–5 cm wird dieser kleine Schneckenbuntbarsch lang.
Der Autor beschrieb ihn ursprünglich als *Julidochromis o.*,
doch dürfte es keine Frage sein, daß er nicht in diese Gattung
gehört. Die Nachbeschreibung von POLL (1956) wurde nach
über dreißig Exemplaren vorgenommen, darunter welchen aus
Kigoma und Kala vom mittleren und südlichen Ostufer. Es gibt
offenbar Unklarheiten darüber, welche der eingeführten kleinen Arten *L. ocellatus* ist. Mit der Beschreibung (und Abbil-
dung) von POLL dürfte die hier abgebildete Art übereinstimmen.

79

Abb. 31 *Lamprologus ocellatus* (nach POLL)

In seinen Heimatbiotopen bevorzugt der kleine Cichlide eindeutig Schneckenhäuser der Gattung *Neothauma*, was ihn aber nicht davon abhält, im Aquarium auch willig die etwas geräumigeren Gehäuse der Weinbergschnecken anzunehmen. Liegt das Haus für die Bedürfnisse der Fische nicht richtig, so packen sie es an der offenen Kante mit dem Maul und zerren so lange daran, bis es möglichst flach und somit stabil aufliegt und mit einer der schmaleren offenen Seiten etwas im Bodengrund sitzt. So kann der Fisch blitzschnell einschwimmen. Hat das Becken feinen Sandboden (was ratsam wäre!) so buddeln sich die kleinen Kobolde in Notfällen auch blitzschnell in den weichen Grund ein. Männliche Tiere zeigen keine so große Bindung an ihr Haus wie ihre Partnerinnen. Diese hocken meist „vor der Haustür" und beobachten die Umgebung.

Neben verschiedenem Lebendfutter (Daphnien, Artemia, Mückenlarven) nehmen die Fischchen dieses Futter auch tiefgefroren. Von Trockenfutter allein scheinen sie nicht viel zu halten.

Hat sich ein Paar gefunden, so wird auch im Schneckenhaus abgelaicht! Fächelnd lockt das Weibchen das Männchen in sein Haus, laicht jedoch erst ab, nachdem der Partner sich von der Eignung des Aufzuchtplatzes der Kinder überzeugt hat. Während der Balz zeigen bekanntlich die Fische ihre schönste Färbung. Bei diesen Weibchen wird ein schwarzes Fleckenmuster sichtbar, das besonders zwischen den Augen und über dem Schwanzstiel fast schwarz wird. Das Männchen schillert in seinen schönsten blauvioletten Tönen, die auch zum Teil bei dem Weibchen in dieser Intensität sichtbar werden.

Telmatochromis bifrenatus, ♂

Chalinochromis brichardi, ♂

Farbtafel I

Foto I
Chalinochromis spec., zweifach längsgestreifte Form

Foto II
Chalinochromis spec., Form mit mehreren Tüpfelreihen

Cyprichromis leptosoma, ♂

Farbtafel II

Lamprologus mustax, ♂

Foto III
Eretmodus cyanostictus. Jungtiere im Alter von rund vier Wochen

Cyprichromis nigripinnis, Paar

Farbtafel III

Cyprichromis microlepidotus, ♂

Foto IV
Julidochromis dickfeldi

Farbtafel IV

Julidochromis ornatus
Julidochromis regani
Julidochromis dickfeldi (Jungfische)

Julidochromis marlieri
Julidochromis transcriptus
Julidochromis dickfeldi

Foto V
Portrait von *Lamprologus lemairii*

Triglachromis otostigma, Paar

Farbtafel V

Eretmodus cyanostictus, südliche Rasse, Kasaba Bay

Foto VI
Jungtiere von *Lamprologus petricola*

Lamprologus ocellatus, ♂

Farbtafel VI

Lamprologus spec., bisher nicht namentlich bekannte Art, ♂

Foto VII
Lamprologus ocellatus; Männchen vor seinem Haus

Farbtafel VII

Lamprologus tetracanthus, ♂
Lamprologus pleuromaculathus, ♂
Telmatochromis caninus, ♂

Lamprologus calvus, ♂
Lamprologus compressiceps, ♂
Lamprologus nkambae, ♂

Foto VIII
Lamprologus tetracanthus, imponierende Männchen

Farbtafel VIII

Tropheus duboisi, ♀ nimmt Ei ins Maul
Tropheus moorii, Grüne Variante
T. moorii, Schwanzstreifen-Variante

Tropheus polli
T. moorii, Orangenfleck-Variante
T. moorii, Regenbogen-Variante

Foto IX
Telmatochromis bifrenatus. Die Art erkennt man am Zickzackmuster über der hinteren Kör-
perlängsbinde

Vom Gelege, wie auch von den nach etwa zwei Tagen schlüpfenden Larven, sieht der Pfleger nichts: Sie sind in der Tiefe des Gehäuses verborgen, und erst nach dem Freischwimmen der Jungfische, nach rund fünf Tagen, kann man das eine oder andere vorwitzige Fischchen sehen, bis schließlich alle erscheinen, weil sie ja Nahrung suchen müssen. Haben die Kleinen erst einmal erkannt, daß es hier draußen etwas zu fressen gibt und drinnen nicht, sind sie am Schneckenhaus (vorerst) nicht mehr interessiert.

Die Eltern sind recht angriffslustig und können, trotz ihrer geringen Größe, mit ihren „Hundezähnen" spürbar beißen. Die Jungfische kann man, da sie bereits nach dem Freischwimmen relativ groß sind, sofort mit Artemia-Nauplien füttern. Zieht man die Jungen gesondert auf (Umsetzen muß erfolgen, sobald sie freischwimmen, dann kann man sie noch mitsamt dem Haus erwischen), laicht das Weibchen meist nach zwei Wochen erneut.

Lamprologus ornatipinnis POLL, 1949

Dieser Substratbrüter stammt aus dem gleichen Biotop wie die vorgenannte Art und ist ebenfalls im Tanganjika-See endemisch. Diese Art wird allerdings ein bis zwei Zentimeter größer, doch versuchte ich auch sie (bei einer Länge von 3–4 cm) an Schneckenhäuser von *Neothauma* zu gewöhnen: Es klappte auf Anhieb. Die aggressiven Fischchen schwammen bei jeder drohenden Gefahr hinein und zogen das Haus jeder anderen angebotenen Höhle vor.

Die Bauchlinie der Fische ist etwas abgeflacht, womit sie als überwiegend bodennah lebende Tiere ausgewiesen sind. Auch sie sind kleine Räuber mit entsprechend ausgebildeter Bezahnung. Gelegentlich werden sie mit *L. callipterus* verwechselt. Zwar ist ihr Farbmuster auch marmoriert, wirkt aber, die Gelborange-Töne vorherrschend, bunter. Die obere Körperhälfte dieser Art ist von unregelmäßig verlaufenden Längsbinden überzogen. Sie stehen auf silbernem Grund und sind bei Wohl-

Foto 29 *Lamprologus ornatipinnis*

Foto 30 *Lamprologus ornatipinnis*; dieses Porträt zeigt die kräftige Bezahnung

befinden gelborange gefärbt. Die Augen sind von einem gleich-
farbenen Ring umgeben. Die meist angelegte Rückenflosse ist
überwiegend dunkel gefärbt und von feinen gelblichen Linien
unterbrochen. Über Stirn und Rücken liegen große dunkle, unregelmäßige Flecke, die die Tiere gelegentlich auch auf den
Flanken zeigen können.

Lamprologus petricola POLL, 1949   ohne Abb.

Der rußiggelbe Buntbarsch ist ein Endemit des Tanganjika-Sees
und wird reichliche 12 cm lang. Beschrieben wurde die Art ausschließlich von seiner Westseite, südlich von Kalémié. Wie alle
Gattungsverwandten nehmen die Fische am liebsten fleischliche
Kost. Auch bei dieser Art lassen sich auf Ober- und Unterkiefer
die verhältnismäßig langen Hundszähne (caninus) entdecken,
und die mittleren Schlundzähne lassen in ihrer stumpfen, breiten Form den gelegentlichen Molluskenfresser erkennen. Die
Fische haben eine nicht so gestreckte Körperform wie eine Reihe anderer Verwandter, eher mutet ihr Äußeres etwas gedrun-
gen an. Die gelbe Grundfärbung hat nur in wenigen Bereichen
volle Leuchtkraft, und die äußeren Zonen der Flossen werden
leicht transparent. Besonders der Kopf, aber auch der Rücken
sind rußig überlagert. Im Vergleich zur neuen Art *L. mustax*
(deren Vertreter früher zuweilen als Farbvariante von *L. petricola* gehandelt wurden) wirkt die Erscheinung dieses Fisches
farblich eher etwas „schmuddelig".

Lamprologus pleuromaculatus
TREWAVAS & POLL, 1949   Farbtafel VII

Ein Vertreter aus dem Norden des Sees, der durch unverwech-
selbare Kennzeichen leicht bestimmt werden kann. Die Fische
haben eine sehr gestreckte Körperform mit ebenso langgezoge-
ner, ziemlich gerader Rückenflosse und gerundeter Schwanzflosse. Ihre räuberische Lebensweise sieht man ihnen am leicht
vorgeschobenen Unterkiefer an; zudem verfügen sie über ein
mit kräftigen Hundszähnen versehenes Gebiß. Ihre Körperlän-

ge liegt zwischen 10 und 12 cm. In ihren Heimatgewässern streifen sie über Fels- und Sandgrund. Man kann sie bereits in Wassertiefen von nur wenigen Metern antreffen, doch hat man sie auch aus Tiefen bis zu 40 m an die Oberfläche gebracht (POLL).

Die Standard- oder Grundfärbung ist lehmbraun mit goldgelben Zonen. Über die Flanken ziehen sich drei hellblaue Tüpfellinien, und in der jeweiligen Flankenmitte liegt ein arttypischer tiefschwarzer Fleck. Zeigen die Tiere Unwohlsein oder Erregung, so können zusätzliche dunkle Fleckenzonen gezeigt werden, die jedoch nie die Bauchpartie überlagern. Rückenflosse und obere Schwanzflosse mit hellblauem Rand. Als Aquarienfisch gut geeignet. Mag keine zu kleinen Becken. Nimmt in Gefangenschaft auch willig jede Art von Ersatzfutter.

Lamprologus prochilus BAYLEY & STEWART, 1977 ohne Abb.

Die beiden Autoren beschreiben diese neue Art aus dem Süden des Sees (Nkumbula-Insel, 2 km nördlich von Mpulungu und Chipimbi/Sambia). Länge etwa bis 12 cm. Nach POLL soll eine engere Beziehung zu *L. hecqui* bestehen; die Autoren halten eine nahe Verwandtschaft mit *L. niger* für wahrscheinlicher. Fische bisher nicht eingeführt, deshalb können weitere (farbliche) Angaben leider nicht gemacht werden.

Lamprologus profundicola POLL, 1949 ohne Abb.

Eine für die aquaristische Haltung wahrscheinlich wenig geeignete Art, die im See über Sand und Geröll lebt und eigentlich nur wenig mit den bekannten und beliebten *Lamprologus*-Arten in der Charakterisierung von SCHILTHUIS gemein hat. Die Art führt ein räuberisches Leben, ist dafür mit starken Hundszähnen ausgestattet und wird etwas über 30 cm lang. Bei einer möglichen Revision dürften Arten wie diese, die über eine ausreichende Zahl von Abgrenzungsmerkmalen (wie die gestreckten Schlundknochen) verfügen, einer anderen (neuen) Gattung zugeordnet werden.

Lamprologus pulcher TREWAVAS & POLL, 1952   ohne Abb.
Den ursprünglich als Unterart von *L. savoryi* beschriebenen
Tieren wurden 1974 von POLL der Status einer selbständigen
Art eingeräumt. Die seinerzeitige Erstbeschreibung (Christy-
Kollektion) ließ keinen Fundort erkennen, bis die Art im Süden
des Sees wiederentdeckt wurde. Bisher m. W. nicht eingeführt.
Länge um 8 cm. Nahe verwandt mit *L. brichardi*. Grundfär-
bung (lebend) nicht bekannt; hinter den Augen ein dunkler
Strich, der nach unten abknickt, dieser mit Parallelstrich auf
dem Kiemendeckel. Alle Schuppen mit dunklem Punkt, die,
zusammengenommen, sechs oder sieben Längs-Punktreihen
ergeben. Rückenflosse möglicherweise braun, im basalen Bereich der weichen Strahlen ebenso gepunktet wie die gegabelte
Schwanzflosse und der weichstrahlige Bereich der Afterflosse.

Lamprologus savoryi POLL, 1949

Im Gegensatz zu seinem nahen Verwandten *(L. brichardi),* den
POLL ursprünglich mit diesem zusammen als Unterart *L. s.
elongatus* beschrieb, ihm jedoch später den Status einer selbständigen Art gab, eine Neubeschreibung vornahm und dem
Fisch einen neuen Namen gab, ist *L. savoryi* eine nichtssagende
Erscheinung ohne nennenswerte Schönheit. Die Ernährungsweise und somit das Leben dieser Fische ist stark an das Felslitoral gebunden. Normalerweise trifft man die bis zu 8 cm langen Tiere bereits in 1–4 m Tiefe an, doch wurden Laichvorgän-
ge und Aufzucht der Jungfische nur in größerer und dunklerer
Tiefe beobachtet. Im Aquarium zeigen sie eine (stimmungsbe-
dingte) hell- oder dunkelgraue Grundfärbung. Durch die dunkel gerandeten Schuppen entsteht ein feines Netzmuster über
den Körperseiten. Darüber liegen sechs dunkle Querbinden.
Erst wenn die Männchen ihre großen Flossen mit der auffällig
ausgezipfelten Schwanzflosse spreizen, kann der Aquarianer
zumindest vom gesamten Erscheinungsbild einen wohlgestalte-
ten Fisch erkennen. Wegen seiner geringen Attraktivität ist die
Art kaum noch in unseren Aquarien anzutreffen.

Foto 31 *Lamprologus savoryi.* Weibchen mit kleinem Gelege aus grasgrünen Eiern

Lamprologus schreyeni POLL, 1974   ohne Abb.

Bei dieser Art handelt es sich um einen „Versteckkünstler", der
im See ausschließlich in tiefen Spalten des Felslitorals lebt und
nicht ins offenere Wasser geht. Mit seiner geringen Größe würde er ein „gefundenes Fressen" für die größeren räuberischen
Fische sein. Entsprechend dieser Lebensweise sind die Fische
nur schwer zu fangen. Meist ist dies nur Gerätetauchern vorbehalten.

    POLL beschrieb diese Art nach 16 Exemplaren aus der weite-
ren Umgebung von Bujumbura (Sammlung Brichard/Schrey-
en), von denen das längste etwas mehr als 4 cm maß. Die Fische
haben eine gestreckte Körperform mit einem relativ großen
Kopf und tiefgespaltenem Maul. Entsprechend ihrer versteckten Lebensweise haben sie eine düstere Färbung mit einer Musterung aus schwärzlichen Flecken in der oberen Körperhälfte
und ähnlichen Tüpfelreihen in der Schwanz- sowie in den hinteren Bereichen von Rücken- und Afterflosse. Die vorderen
zwei Drittel der Rückenflosse sind mit dunklen Vertikalbinden

86

durchsetzt. Ich bin überzeugt, daß lebend eingeführte Tiere eine zusätzliche farbige Musterung aufweisen, doch leider sind diese Tiere meines Wissens für die Aquaristik bisher noch nicht eingeführt worden.

Lamprologus sexfasciatus TREWAVAS & POLL, 1952

Offenbar ist diese, als „Sechsstreifen-Tanganjikabuntbarsch" bekannte Art deshalb so spät beschrieben worden, weil sie viel Ähnlichkeit mit *L. tretocephalus*, ihrem nur fünfstreifigen Verwandten, hat. Wie diese hat auch *L. sexfasciatus* eine silbrige Grundfärbung, über dem (von den Augen bis zum Ende des Schwanzstieles) sechs tiefschwarze breite Querbinden liegen, die oben bis in die Dorsalbasis hineinreichen. Bis auf die transparenten Brustflossen sind alle übrigen milchig und rußig. Tiere mit Wohlbefinden zeigen zudem einen bläulichen Glanz über Körper und Flossen, wovon besonders die Flossenränder und der Vorderkopf etwas mitbekommen.

Diese Art wie auch *L. tretocephalus* sind zwar leicht zu verwechseln, jedoch einfach anhand der leicht auszuzählenden

Foto 32 *Lamprologus sexfasciatus*

Streifung zu unterscheiden. Beide werden etwa 15 cm lang und leben über felsigem Grund in der Litoralzone. Man trifft sie jedoch nie gemeinsam an. Beide ernähren sich von kleineren Lebewesen, darunter auch Schnecken. *L. sexfasciatus* ist allerdings ein nicht so stark ausgerüsteter „Schneckenhausknacker" wie sein naher Verwandter, der dafür ein Paar besonders kräftige Kiefer wie auch stumpfe breite Schlundzähne aufweist. Im Aquarium sind beide leicht auf die hier üblicherweise angebotene Kost umzustellen.

Lamprologus signatus POLL, 1952

Eine wahrscheinlich recht klein bleibende Art, die eine Länge zwischen 5 und 6 cm nicht überschreiten dürfte. Bisher sind nur wenige Exemplare dieses kleinen Buntbarsches aus Tiefen bis zu 100 m an die Oberfläche gebracht worden. Alle Bestimmungsexemplare stammen vom südwestlichen Ufer des Sees, aus der Nähe oder der Bucht von Moba in Zaire. Offenbar kommen sie im Süden des Tanganjika-Sees nicht oder zumindest nicht in solchen Tiefen vor, aus denen sie einheimische Fänger unbeschadet an die Wasseroberfläche bringen könnten.

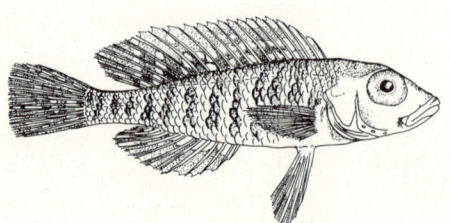

Abb. 32 *Lamprologus signatus* (nach POLL)

Lamprologus stappersi PELLEGRIN, 1927   ohne Abb.

Den Fängern und erst recht den Aquarianern unbekannte Art, von der BRICHARD glaubt, daß deren taxonomische Angaben nicht mit der Definition der Gattung (nach SCHILTHUIS) übereinstimmen. Ebenfalls bisher unbekannt geblieben ist *L. taeniurus* BOULENGER, 1914, von der zwei Bestimmungsexemplare vorliegen müßten. Länge bis 6 cm. Als Sammelstelle wird Tulo (?) angegeben.

Lamprologus tetracanthus BOULENGER, 1899   Farbtafel VII

Diese bereits sehr früh bekanntgewordene Art ist im See weit verbreitet und kommt im Norden ebenso wie im Süden vor. Wie die verschiedenen Sammlungen gezeigt haben, können die Fische eine Länge bis nahe an die 20 cm erreichen, doch liegt die Standardlänge weit darunter. Die Fische leben über Sandgrund als Räuber und vermehren sich in diesen Biotopen auch, indem die Männchen ein kraterförmiges „Nest" bauen, in dessen Innerem eine Mulde ausgewedelt wird. Je nach Beschaffenheit des Lebensraumes suchen sie Tiefen bis zu 60 m auf. Das Vorhandensein von vielen Schneckenhäusern vor ihrem Wohnbezirk läßt darauf schließen, daß auch diese Weichtiere zur bevorzugten Nahrung der Fische gehören. Es wurden bereits verschiedentlich Jungfische der Art in den leeren Gehäusen von *Neothauma*-Schnecken angetroffen.

L. tetracanthus erweist sich im Aquarium als schlichter graubeigebrauner Gast. Die Tiere zeigen stimmungsabhängig ein Muster von breiten schwarzbraunen Querstreifen. Die kleinen Körperschuppen tragen goldgelbe Punkte, die über der Flan-

Foto 33   *Lamprologus tetracanthus*

kenmitte in mehreren Längsreihen übereinanderliegen. Die etwas hellere Rückenflosse zeigt in jedem Strahl einige übereinanderliegende zitronengelbe Tüpfel. Werden die Flossen gespreizt, so erkennt man den breiten, in der Tönung etwas abgestuften orangefarbenen bis gelben Saum, bzw. bei den unter dem Körper sitzenden, spitz zulaufenden Flossen sind diese Spitzen entsprechend gefärbt.

Die Tiere sind Substratbrüter und leben paarweise. Da sie trotz des Sandbodens, über dem sie nach Futter suchen, nie die steinigen Verstecke weit verlassen, nimmt es nicht wunder, daß sie in einem solchen Steinversteck auch ihre Eier ablegen und ihre Jungen großziehen. Dazu wird eine Elternfamilie gebildet. Bei der Nachzucht im Aquarium kann man ähnliche Verhaltensweisen beobachten.

Lamprologus toae POLL, 1949

Ein Endemit, der nicht im Süden des Sees verbreitet zu sein scheint, andererseits auch im Nordosten des Sees nicht vorkommt (BRICHARD). Die Bestimmungsexemplare stammen aus einem Gebiet von Kabimba (nördlich von Kalémié) bis zur Ubwari-Halbinsel an der Westseite des Sees, sind aber auch von Kigoma an der tansanischen Ostseite nachgewiesen. Von seiner Färbung her ist der Fisch nicht attraktiv: dunkelbraun in der

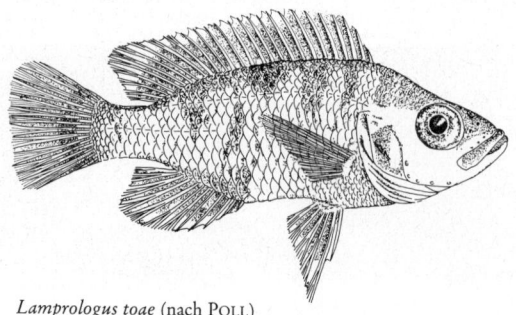

Abb. 33   *Lamprologus toae* (nach POLL)

Grundtönung mit keinen nennenswerten Mustern. Auffällig sind die großen Augen, obgleich zumindest die Bestimmungsexemplare nur aus Tiefen von wenigen Metern stammen. Die braungraue Färbung zieht sich bis in die Flossen (ausgenommen Brustflossen) hinein. Stimmungsbedingt zeigen die Tiere blaugrünen Glanz über den Flanken. Männchen in Brutstimmung sind tiefschwarz.

Lamprologus tretocephalus BOULENGER, 1899

Dieser Endemit aus dem Tanganjika-See sollte weder mit jungen Tieren der Art *Cyphotilapia frontosa* noch mit seinem engeren Verwandten, *L. sexfasciatus* (s. d. Beschreibung) verwechselt werden. Auch diese Art wird etwa 15 cm lang (Standard um 10 cm) und kommt in Tiefen bis 10 m vor. Ihre Vertreter sind Bewohner fast aller Zonen und leben über Sand, Geröll und Felsgrund. Ihre Nahrung besteht hauptsächlich aus Schnecken

Foto 34 *Lamprologus tretocephalus,* der im Vergleich mit *C. frontosa* und *L. sexfasciatus* nur fünf dunkle Querbinden trägt

91

und anderen Weichtieren, für deren Erbeutung Kiefer und Schlundbezahnung besonders stark ausgebildet sind.

Die Art wurde unter ihrem deutschen Namen „Fünfbinden-Tanganjikabuntbarsch" bekannt. Auf silbrigen Grund tragen die Tiere vom Nacken bis zum Ende des Schwanzstieles fünf keilförmige breite, tiefschwarze Querbinden über den Flanken, die bis in die Basis der Rückenflosse hineinreichen. Zwischen den groben Augen liegt eine weitere kurze Binde. Die Flossen (ausgenommen die Brustflossen) sind milchig und erscheinen zudem wie gerußt. In Rücken- und Schwanzflossen erkennt man blasse dunkelrote Tüpfelreihen, dazu trägt die erstere einen hellblauen Rand. Bauch- und Afterflossen sind weniger gerußt und zeigen zuweilen eine kräftige hellblaue Färbung. Der Vorderkopf erscheint düster, wie dunkel gepudert und weist dazu noch ein paar blaue Linien auf. Im Aquarium erweist sich die Art als guter, relativ friedfertiger Pflegling.

Lamprologus wauthioni POLL, 1949

Die Bestimmungsexemplare dieses kleinen, 5–6 cm lang werdenden Schneckenbuntbarsches stammen vom westlichen Ufer des zentralen Teils des Sees (Kalémié, Katibili, Rutuku). Hier bewohnen sie die Schneckenhäuser von *Neothauma* über schlammigem Sandgrund in ziemlich tiefem Wasser um 30 m. Die Nahrung besteht aus Garnelen und anderen Kleinlebewesen. Aquaristisch noch unbekannt, da aus diesen Zonen nicht einzuführen.

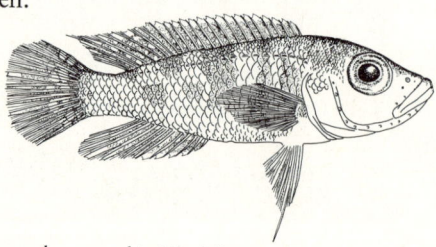

Abb. 34 *Lamprologus wauthioni* (nach POLL)

Gattung Leptochromis

Im Jahre 1920 stellte REGAN die Gattung auf und bestimmte den bis dahin zur Gattung *Paratilapia* gestellten *P. calliura* zum Gattungstyp. Die Gattung ist seither monotypisch geblieben. In ihrer stark gestreckten Körperform erinnert die Art an die Vertreter der Gattung *Xenotilapia,* der sie zweifellos nahesteht.

Leptochromis calliurus (BOULENGER, 1901)

In ihrem natürlichen Lebensbereich kommen die Tiere als Allesfresser (keine Fischräuber) in Tiefen bis zu 20 m über sandigem und schlammigem Grund in Küstennähe vor. Sie werden bis zu 15 cm lang, sind keine Maulbrüter und produzieren bei der Vermehrung etwa 200 Eier von rund 2 mm Durchmesser. Als Lieblingsnahrung der Fische gelten Garnelen bis zu 25 mm Länge.

Fänger berichten von den außergewöhnlichen Schwierigkeiten, welche die Fische beim Fang machen, ein Grund dafür, daß sie kaum im Handel sind. Die wenigen, bisher in Aquarien gehaltenen Exemplare erwiesen sich als friedlich und belästigen keine anderen Mitbewohner.

Ihre Grundfärbung besteht aus einem kupfernen Ton, der zum Bauch hin etwas heller, silbriger wird. Hinter den Augen und auf dem oberen Kiemendeckelbogen liegt je ein schwarzer Fleck. Von diesen ziehen sich zwei silbrigblaue Längsbinden zum Ende des Schwanzstieles. Im hartstrahligen Teil der Rük-

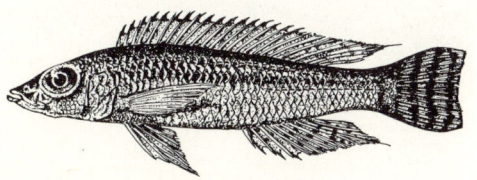

Abb. 35 *Leptochromis calliurus* (nach BOULENGER)

kenflosse reichen die Membranen nicht bis zur Strahlenspitze, so daß sie scharfspitzig hervorstehen. Stacheln grünlich. Weicher Flossenteil mit grünlichen Tüpfeln. Kupfergrundige Schwanz- und Afterflosse mit grünen, im rechten Winkel zu den Strahlen laufenden grünlichen Binden. Bauchflossen hellkupferfarben mit weißlichem vorderem Stachel. Der im Oberteil kupferfarbene Kopf mit grünlichem Schimmer. Ein durchaus attraktiver Fisch.

Gattung Lestradea

POLL stellte die Gattung im Jahre 1943 auf. Sie ist bis heute zwar monotypisch geblieben, doch beschrieb der Autor neben der Nominat-Unterart noch eine weitere. Die Fische leben im flachen ufernahen Wasser über Sandgrund und ernähren sich in der Hauptsache durch verschiedene Mikroorganismen. Sie sind Maulbrüter.

Lestradea perspicax POLL, 1943

Durch die gleichzeitige Beschreibung der Unterart zerfällt die Art in die Nominat-Unterart
    L. p. perspicax POLL1943 und
    L. p. stappersi POLL, 1943.
    Die Unterarten verteilen sich derart über das Seegebiet, daß die erste ihr Vorkommen auf den Norden beschränkt, die zwei-

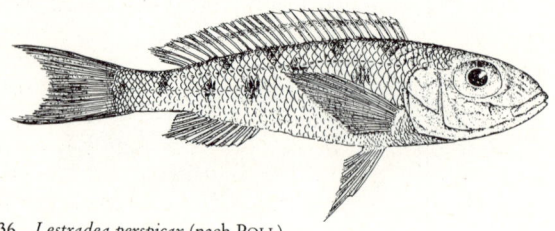

Abb. 36 *Lestradea perspicax* (nach POLL)

te auf den Süden. Beide werden zwölf, höchstens 14 cm lang. Die hauptsächlichen Unterscheidungsmerkmale liegen in der Bezahnung, doch lassen sich auch optische Unterschiede in der Färbung wahrnehmen (nach POLL). Die Grundfärbung ist bei beiden Arten silbrig; Flossen bei der Nominatform braun (Brustflossen transparent) oder bräunlich mit schwarzem Band in den äußeren (bei der Schwanzflosse oberen und unteren) Zonen. Bei der zweiten Unterart ist die schwarze Musterung der Flossen nicht so ausgeprägt, dafür erscheinen über den Flanken zwei Reihen, die sich aus großen dunklen Punkten zusammensetzen. Die erste liegt über dem Rücken, die zweite zwischen der oberen und unteren Seitenlinie.

Gattung Limnochromis
(frühere und jetzige Vertreter)

In der 1920 von REGAN aufgestellten Gattung sind alle Arten Endemiten im See. Von den früher zur Gattung gestellten drei Arten der „Heringscichliden", *L. leptosoma*, *L. microlepidotus* und *L. nigripinnis* sind alle zur neu geschaffenen Gattung *Cyprichromis* gestellt worden (s. d.). Ihre Unterscheidungsmerkmale waren derart auffällig, daß dies dringend geraten erschien.

Mit der Arbeit von POLL (1981) werden drei neue Gattungen aufgestellt und frühere verbliebene *Limnochromis*-Arten neu aufgeteilt. Neben *Limnochromis* (Gattungstyp *L. auritus)* wurden die Gattungen *Gnathochromis* (Typ *G. permaxillaris), Lepidochromis* (Typ *L. christyi* TREWAVAS, 1953) und *Tangachromis* (Typ *T. dhanisi)* ins Leben gerufen. Bei *Limnochromis* verbleiben die Arten *L. abeeli* und *L. staneri*. Zu *Gnathochromis* ist jetzt auch *G. pfefferi* (BOULENGER, 1898) gestellt. *Tangachromis* bleibt monotypisch (= nur eine Art), und die von POLL 1976 als *Hemibates bellcrossi* beschriebene neue Art (von der Mutondwe-Insel im Süden) wurde jetzt zu *Lepidochromis* gestellt.

Limnochromis abeelei POLL, 1949

Über 20 cm lang werdende Art mit großem Kopf und mäßig ge-strecktem Körper, meist in größeren Tiefen angetroffen. Daher als Aquarienfisch nicht eingeführt, und auch im Aussehen nicht attraktiv.

Limnochromis auritus (BOULENGER), 1901)

Die Art stammt aus Tiefen von durchschnittlich 40−60 m, wird aber trotzdem für die Aquaristik exportiert, weil die Tiere zu-weilen höhere Wasserschichten aufsuchen. Ihre Länge reicht selten einmal über 14 cm hinaus, meist sind die Tiere noch klei-ner. Den wenigen vorliegenden Zuchtberichten zufolge soll es sich bei dieser Art um einen Maulbrüter handeln.

Die Art *L. auritus* hat eine gestreckte Körperform, und man kann sie nicht als besonders hochrückig ansprechen. Die in sanftem Bogen abfallende Stirnpartie mit den relativ großen Augen und das unterständige Maul sowie die flache Bauchlinie lassen in der Art den Grundcichliden erkennen. Die Färbung ist eigentlich recht attraktiv zu nennen. Sie bezieht sich aber in er-ster Linie auf die Körperpartie und nicht auf Kopf oder Flossen. Vom Ende des Kiemendeckels ausgehend verlaufen zwei über-

Foto 35 *Limnochromis auritus*

Foto 36 *Limnochromis auritus*

einanderliegende hellblau irisierende Tüpfel-Längsreihen bis
zum Ansatz der Schwanzflosse. Zwischen beiden Reihen liegt
eine orangefarbene Zone, die sich zum Schwanzstiel hin noch
kräftigt. Der Rücken strahlt bei Wohlbefinden in hellem Blau-
rot. Der Bauch ist silbrig hell. Rücken- und Schwanzflosse sind
gelborangefarben. Die Afterflosse und die bei den Männchen
lang ausgezogenen Bauchflossen sind blaßgelb gefärbt und
schimmern zuweilen bläulich. Alle haben ein Muster aus feinen
blauen Längsstrichen.

Limnochromis staneri POLL, 1949

Die Art wird etwa 20 cm lang und lebt in Tiefen (nachgewiesen)
bis zu 125 m. Sie hat eine ähnliche Körperform wie *L. abeelei:*
mäßig gestreckt und mit großem Kopf. Wahrscheinlich ernährt
sie sich auch von hartschaligen Tieren (Mollusken), worauf ihre
breiten Schlundzähne schließen lassen. Bisher aquaristisch nicht
eingeführt.

Gnathochromis permaxillaris
(früher Limnochromis) DAVID, 1936

Eine Art, die fast nie eingeführt wird, jedoch in der Fischlitera-
tur einen festen Platz hat. Seitdem COULTEN 1967 (vergl. Lite-
raturverzeichnis) nachwies, daß dieser Fisch aus tiefem, sauer-

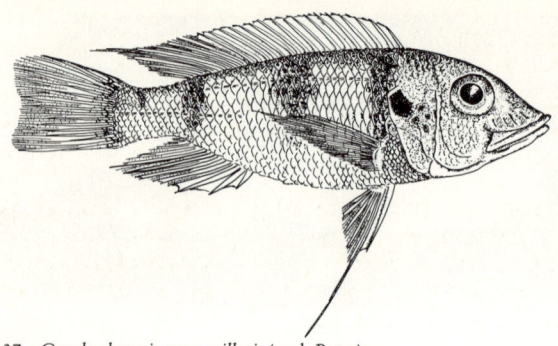

Abb. 37 *Gnathochromis permaxillaris* (nach POLL)

stoffarmem Wasser des Tanganjika-Sees stammt (oder zumindest angetroffen wird), hat die Art eine gewisse Berühmtheit er-
langt. Die Endemiten sind Maulbrüter und erreichen eine Länge von etwa 14 cm. Sie ernähren sich überwiegend von Zooplankton, das sie mit Hilfe ihres besonders konstruierten, weit
zu öffnenden Maules erbeuten (vergl. Abb. S. 23).

    Eine Art, die früher zur Gattung *Limnochromis* gestellt wur-
de, inzwischen jedoch als Gattungstyp in die neu geschaffene
Gattung *Triglachromis* übernommen wurde, fehlt demzufolge
an dieser Stelle: *T. otostigma*.

Tangachromis dhanisi (früher Limnochromis) POLL, 1949

Eine im Gegensatz zu ihren übrigen Gattungsverwandten recht
klein bleibende Art, deren Vertreter nicht über 10 cm hinauswachsen. Wie bereits bei *L. auritus* erwähnt, kommt auch diese
Art in Tiefen von durchschnittlich 40–60 m vor, und es sind
auch Exemplare aus Tiefen um 100 m geholt worden. Aus diesem Grund kann man nicht mit regelmäßigen Fängen rechnen.
Über die Färbung der Art in lebendem Zustand ist wenig bekannt. Entsprechend der Lebensweise sind die Augen der Fische besonders groß. Auffällig die hohe Rückenflosse und der
lang ausgezogene zweite Strahl der Bauchflossen.

Gattung Limnotilapia

Der taxonomische Status dieser im Jahre 1920 von REGAN aufgestellten Gattung wurde von GREENWOOD (1978*) in Frage
gestellt.

Die Arten werden zur Gattung *Simochromis* gestellt und die
Gattung als jüngeres Synonym von *Simochromis* angesehen.
Für *L. trematocephala* muß die verwandtschaftliche Beziehung
zu dieser Gattung erst noch geprüft werden, doch ist dies keine
aquaristisch interessante Art.

Gattung Lobochilotes

Eine monotypische Gattung, im Jahre 1915 von BOULENGER
aufgestellt, aber mit einer aquaristisch bekannten Art. Der Gattungsname (lobo = aufgeworfen; chilus = Lippe) läßt bereits
das auffällige Merkmal dieser Fische erkennen.

Lobochilotes labiatus (BOULENGER, 1898)

Eine Art, die, ähnlich *Cyrtocara euchilus* aus dem Malawi-See,
mit stark wulstiger Ober- und Unterlippe ausgestattet ist. Auf
diese Art, so vermutet man, wird den Tieren das Auffinden
kleinster Futtertiere in den Polstern des Algenaufwuchses eher
ermöglicht, die sie durch Aufdrücken der Lippen abtasten. Ansonsten ist diese Art einer monotypischen Gattung zugeordnet
(Gattung mit nur einer Art), doch erreicht ihr Vertreter die für
aquaristische Zwecke beinahe schon ungeeignete Größe von
über 30 cm. Natürlich liegen die Größen der eingeführten Tiere
im üblichen Bereich, und die Fische erreichen im Aquarium

---

* GREENWOOD, P. H.: "A review of the pharyngeal apophysis and its significan-
ce in the classification of African cichlid fishes". Bull. Br. Mus. nat. Hist. (Zool.), 33,
pp. 297–323, 1978.

Foto 37 *Lobochilotes labiatus*

kaum diese Endgröße. Ihre Färbung besteht aus einem weiß-beigen Grundton, der sich, stimmungsbedingt, mit einem grünlichen Schimmer überziehen kann. Vom Kiemendeckel bis zum Ansatz der Schwanzflosse überziehen etwa zwölf kräftig dunkle, aber verhältnismäßig schmale Querbinden den Körper. Bei den weiblichen Tieren sind sie noch kräftiger ausgebildet als bei den Männchen. Vom Maulwinkel zieht sich eine blasse schwärzliche Binde zum Auge über die Stirn zum anderen Auge und von dort wieder zum anderen Maulwinkel. Unter den erwähnten Querbinden liegen, auf dem Kopf beginnend, viele schmale, leicht orangefarbene Längsbinden. Die weißlich-transparenten Rücken-, Schwanz- und Bauchflossen sind mit ebensolchen orangefarbenen, horizontal verlaufenden länglichen Punkten übersät. Die Afterflosse trägt eine Reihe von Ei-flecken, die beim Männchen dunkel gerandet sind.

Jüngere Tiere der Art kann man im See noch in oberen Wasserschichten antreffen. Werden sie größer (man hat bereits Exemplare von 40 cm Länge gemessen), so tauchen sie in Wasserschichten um 40 m Tiefe ab und wandern somit in einen Bereich ständigen Halbdunkels.

Gattung Ophthalmochromis

Erst im Jahre 1956 stellte POLL diese Gattung der sogenannten Fadenmaulbrüter auf. Sie leben im Tanganjika-See etwa in Tiefen zwischen zwei und zwölf Meter; nur selten finden man sie tiefer. Oft kann man die herrlich blau gefärbten Männchen bereits in nur wenigen Metern Tiefe durch die Wasseroberfläche erkennen (ein Umstand, der mir damals beide Trommelfelle kostete, weil eifrige Krokodilvertreiber zu der Zeit in der Kasaba Bay noch mit Dynamit „arbeiten" durften). Bei den zu dieser Gattung gehörenden Arten sind die zweiten Strahlen der Bauchflossen sehr weit verlängert und am Ende gegabelt und mit feinen, leicht verbreiterten Hautlappen versehen. Diese gelblich gefärbten beweglichen „Ei-Attrappen" könnten möglicherweise eine ähnliche Funktion haben wie die Eiflecke in der Afterflosse vieler Arten aus dem Malawi-See.

Ophthalmochromis-Vertreter ernähren sich von Klein- und Kleinstnahrung. Sie vermehren sich nach Maulbrüterart. Die Weibchen produzieren nur relativ wenige, dafür mit 4 mm Durchmesser sehr große Eier.

Ophthalmochromis nasutus POLL & MATTHES, 1962

Diese Maulbrüter sind, wie auch die folgend beschriebene Art, im Tanganjika-See endemisch. Man kann sie schon bei bescheidenen Tauchabstiegen in Tiefen ab einem Meter in der Felszone beobachten. Im Gegensatz zu ihren Verwandten, *O. ventralis,* sind sie farblich nicht besonders attraktiv. Die bis zu knapp 20 cm groß werdenden Fische haben eine grauschwarze Grundfärbung mit einer helleren, leicht bräunlichen Bauchpartie. Ein perlmutterfarbener blaugrüner Glanz überzieht zuweilen den Körper. Die schwarzgesäumte Rücken- und Schwanzflosse, letztere fast in Schwalbenschwanzform, zeigen in ihrem rückwärtigen Bereich gelbe Zonen. Weibliche Tiere sind braun gefärbt mit etwa sieben Querbinden über dem Körper.

Foto 38 *Ophthalmochromis nasutus*

Die auch als „Fadenmaulbrüter" bekannten Tiere tragen auf
der Anale keinen Eifleck, sondern zeigen die Eiattrappen an anderer Stelle: Ihre Bauchflossen sind bei den Männchen fadenartig verlängert, so daß sie zuweilen bis an die Basis der Schwanzflosse reichen. Am Ende dieses „Fadens" sitzt jeweils ein ovaler, dottergelber Hautlappen, der die Eiattrappe darstellt. Sie
dient offenbar dem gleichen Zweck wie die Eiflecke allgemein
bei anderen Maulbrütern. Bei der hier beschriebenen Art tragen
die Männchen zudem eine fleischige Verdickung der Oberlippe, die wie eine Nase (= Artenname) hervorragt. Man soll die
Tiere in größeren Becken pflegen. Sie benötigen viel Sauerstoff
und sind gute Fresser. Die in größeren Stückzahlen vorkommenden Weibchen geben in der Regel nicht mehr als zwei Dut-
zend Eier ab.

Ophthalmochromis ventralis (BOULENGER, 1898)

Der „Blaue Fadenmaulbrüter" bewohnt ebenfalls die felsigen Zonen des Tanganjika-Sees. Im Gegensatz zur vorgenannten Art sind diese Tiere jedoch ausgesprochene farbliche Schönheiten, die, je nach regionaler Herkunft, von schwarzblauer bis zu strahlendblauer, ja sogar seegrün irisierender Färbung sein können. Sie kommen ebenfalls schon in sehr geringen Tiefen der Küstenzonen vor, und der aufmerksame Beobachter kann die leuchtendblauen Männchen oft schon vom Boot aus durch die Wasseroberfläche erkennen, wie ich es auch bei meinem Besuch in der Kasaba Bay in Nordsambia erleben konnte. Ich fand hier bei einem „Kletterabstieg" vom Boot aus, jedoch in Ufernähe, an zwei Punkten, die etwa zwei Meter voneinander entfernt waren, jeweils ein 10—12 cm großes Männchen, um das sich mehrere Weibchen gruppierten. Um diese Revierfische waren etwa 80—100 bläulich schimmernde, oft auch fast transparent erscheinende Jungfische von etwa 5 cm Länge versammelt. Sie lassen sich, da sie nicht scheu sind, mit einem Senknetz leicht erbeuten. Leider sind sie sehr transportempfindlich, was wohl auf ihren hohen Sauerstoffbedarf zurückzuführen sein wird. Im

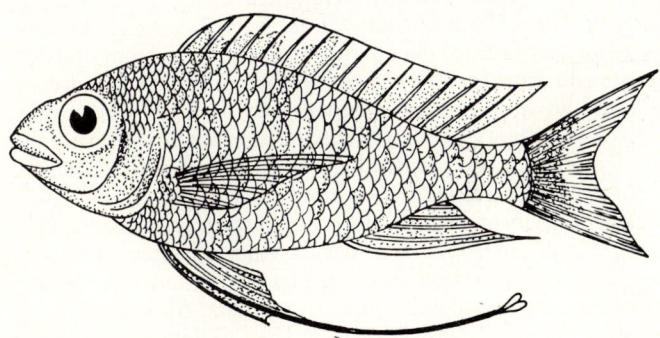

Abb. 38   *Ophthalmochromis ventralis* wird auch „Fadenmaulbrüter" genannt. Die Tiere tragen keine Eiflecke auf der Afterflosse sondern kleine ovale, dottergelbe Hautlappen an den Enden der lang ausgezogenen Bauchflossen

heimischen Aquarium brauchen sie viel freien Schwimmraum und natürlich auch steinige Versteckaufbauten. Sie sind starke Fresser.

Bei der Überarbeitung der Gattung *Ophthalmochromis* stellten POLL & MATTHES 1962 fest, daß die Art *O. ventralis* nicht nur in verschiedenen Farbabstufungen vorkommt, sondern daß sich die Tiere auch in Schnauzenlänge und Bezahnung unterscheiden. So wurden die beiden Unterarten *O. ventralis heterodontus* für die nördliche Verbreitung und *O. ventralis ventralis* für die südliche Verbreitung aufgestellt. Interessant ist noch, daß bei der Art *O. ventralis* die Eilappen am Ende der Bauchflossenstrahlen zuweilen geteilt sind und damit zwei Eier darstellen, wogegen man diese Teilung bei *O. nasutus* vermißt.

Die Weibchen sehen unscheinbar graugrün aus und tragen dunklere Körperflecke, die zuweilen wie unregelmäßige Querbinden zusammenwachsen.

Gattung Ophthalmotilapia

Eine monotypisch gebliebene Gattung, seit diese von PELLE-GRIN im Jahre 1904 aufgestellt wurde. Auch ihr einziger Vertreter gehört zur Gruppe der „Fadenmaulbrüter"; bei ihm sind der zweite und dritte Strahl der Bauchflossen zu einem verlängerten „Faden" zusammengewachsen, teilt sich am Ende wieder und bildet zwei kleine ovale Fortsätze, die man mit etwas Phantasie als „Eifleck-Ersatz" ansehen kann. *O. boops,* bereits 1901 von BOULENGER als *Tilapia b.* beschrieben, wird etwa 15 cm lang, ernährt sich ebenfalls von Mikroorganismen und pflanzt sich durch Maulbrüten fort. Von den Fadenmaulbrütern der Gattung *Ophthalmochromis* unterscheidet sich diese Art durch eine andere Schuppenzahl und andere Bezahnung. Als belegtes Verbreitungsgebiet gilt das südöstliche Ufer (Utinta und Mtossi). Interessant, daß die von POLL erwähnten Belegexemplare alle mit der Angel und einem Wurm als Köder gefangen wurden.

Abb. 39   *Ophthalmotilapia boops*, ♂ oben (nach POLL)

Gattung Oreochromis

Aus der Gruppe der Tilapien kommen im oder um den Tanganjika-See nur wenige vor. Die drei hier aufgeführten Arten wurden ursprünglich als zur Gattung *Tilapia* gehörig beschrieben.
Später wurden sie, als Maulbrüter, zur Gattung *Sarotherodon*
gestellt. Mit der neuen Arbeit von TREWAVAS (1981), in der die
Maulbrüter Afrikas außer zu *Sarotherodon* (für westafrikani-
sche Arten) auch zu *Oreochromis* RUEPPELL, 1852 gestellt werden, ergibt sich für die Aquarianer ein neuer „Lernprozeß".
RUEPPELL schuf seinerzeit den Gattungsnamen für die Art *O.
hunteri*, den Bewohner eines Kratersees im Gebiet des Kili-
mandscharo. Die Gattung zerfällt in vier Untergattungen, von
denen *Neotilapia* für *O. (N.) tanganicae* gilt.

Oreochromis karomo (POLL, 1948)

Diese Art gehört zur Gruppe der „Geißeltilapien". Dieser Begriff hat sich aus der Zeit gehalten, als die Arten noch zur Gattung *Tilapia* gestellt wurden. Bei den Geißeltilapien werden die Eier nicht direkt von Männchen befruchtet. Das Weibchen nimmt sie nach der Ablage ins Maul. Inzwischen hat der Partner seinen „Genitalanhang" ausgefahren („Geißel"), zwei fransige verlängerte Lappen, aus denen das Sperma „gemolken" werden kann. Nun schwimmt das Weibchen mit den Eiern im Maul zum Männchen und preßt mit dem Maul den Genitalanhang, so daß das Sperma austritt und die Eier befruchtet.

Die Hauptverbreitungsgebiete des Maulbrüters liegen im Malagarazi-Fluß (Tansania), dessen Wasser in den Tanganjika-See fließt. Die Fische werden gelegentlich eingeführt. Sie können in Freiheit über 30 cm lang werden, bleiben aber im Aquarium kleiner und vermehren sich bereits bei Längen von 12–15 cm. Männchen in Brutstimmung sind prächtige Tiere. Ihr Körper ist blaugrün gefärbt und mit einem purpurroten Schimmer überlagert. Der blaugrüne Kopf mit den himmelblauen Lippen ist in dieser Zeit äußerst attraktiv. Die äußeren Enden

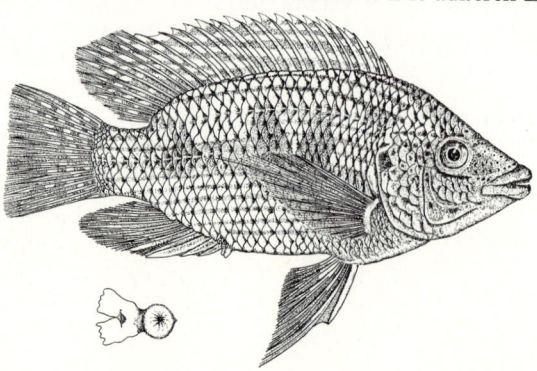

Abb. 40 *Oreochromis karomo.* Nebenseitig abgebildet die „Geißel" der Männchen (nach POLL)

von Rücken- und Schwanzflosse sind von blauen Punkten überlagert und ihre Säume sind orangerot. In ihrem natürlichen Lebensraum bauen die Fische kraterförmige „Nester", nachdem sie vorher ihr Revier abgesteckt haben.

Oreochromis niloticus (LINNAEUS, 1757)

Von dieser Art, die in die drei Unterarten
    O. n. cancellatus (NICHOLS, 1923)
    O. n. eduardianus (BOULENGER, 1912) und
    O. n. niloticus (LINNAEUS, 1757)
aufgeteilt ist, kommt im Tanganjika-See nur die zweite Unterart vor, aber auch dies nicht endemisch, wie der Unterartname erkennen läßt. Aquaristisch sind die Fische nicht interessant: Sie werden maximal bis zu 60 cm lang und ihre Färbung (silbrig mit Beigeton und leichter Musterung) ist nicht dazu angetan, die Besitzwünsche der Aquarianer zu wecken. Man findet die Fische gelegentlich in Schauaquarien.

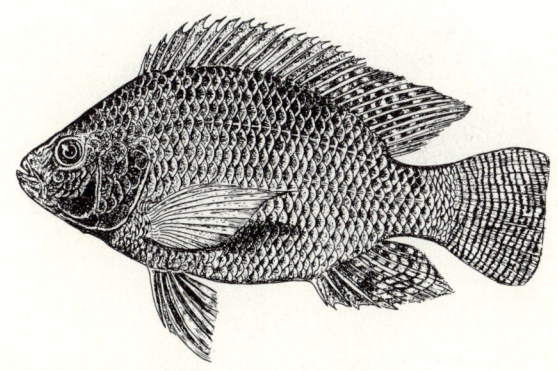

Abb. 41   *Oreochromis niloticus* (nach BOULENGER)

Oreochromis tanganicae (Guenther, 1893)

Ein guter Nutzfisch für die Menschen um den See. Im Aussehen erinnert er mit seinem gedrungenen Körper und den kräftigen Lippen an die *Petrochromis*-Arten, und Boulenger ließ sich verleiten, diese Art zur Gattung *Petrochromis* zu stellen (aus der sie, wie man sieht, inzwischen wieder zurückgestuft wurde). Im See haben die Fische als einzige Art aus der *Tilapia*-Gruppe (im weiteren Sinne) fast alle Uferzonen besiedelt und kommen nicht nur in der Nähe von Flußmündungen vor wie ihre übrigen Verwandten. Meist trifft man sie über Sand- oder Felsgrund an, und sie finden sich in großen Ansammlungen, um gemeinsam ihrem Nahrungserwerb nachzugehen, wobei sie auch (nach Art von *Petrochromis* und *Tropheus*) Algen und ähnlichen Bewuchs von den Felsen raspeln. Die Fische werden kaum in Heimaquarien gehalten und entsprechend wenig eingeführt. Sie werden rund 40 cm lang.

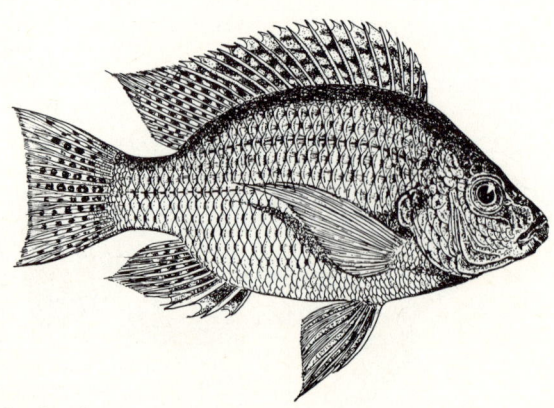

Abb. 42   *Oreochromis tanganicae* (nach Boulenger)

Gattung Orthochromis

In diese Gattung, die 1954 von GREENWOOD aufgestellt wurde, gehören zwei Arten, von denen O. *malagaraziensis* in dem vom tansanischen Hochland kommenden und in den Tanganjika-See fließenden Malagarazi vorkommt (die andere lebt in den Stromschnellen des unteren Kongo/Zaire). Ein aquaristisch unbekannter, gestreckter Fisch mit flachem Bauchprofil und kräftigem Kopf. Die Art wird etwa 12 cm lang. Weitere Angaben fehlen bisher.

Gattung Perissodus

In der 1898 von BOULENGER aufgestellten Gattung sind verschiedene Schuppenfresser mit eigentümlich gebogener Bezahnung zusammengefaßt. Zum Gattungstyp wurde *P. microlepis* bestimmt. Sie leben in mittleren Wasserschichten über felsigem Grund. Neben der erwähnten Bezahnung gehören kräftige Kiefer zum „Handwerkszeug" ihres Nahrungserwerbs. Jungfische ernähren sich noch als Allesfresser und suchen den Felsbewuchs nach Freßbarem ab. Mit zunehmendem Alter spezialisieren sich die Fische. Ihre Größe ist unterschiedlich. Maulbrüter.

Perissodus microlepis BOULENGER, 1898

Hier haben wir es mit einer Art zu tun, die bisher sehr wenig eingeführt wurde. Das hat sicher seinen guten Grund, da die Tiere sich nicht auf normale Weise, sondern sich überwiegend von den Schuppen anderer Fische ernähren, indem sie einzelne Stellen des Opfers vollständig davon „befreien". Die im Tanganjika-See endemisch lebenden Tiere sind wahrscheinlich Maulbrüter, die eine Länge von 11–12 cm erreichen dürften. Ihre Färbung ist silbriggrau, das zum Rücken hin dunkler, zum

Foto 39 *Perissodus microlepis*

Bauch hin fast weiß wird. Über den Körper verlaufen 5—7 meist nur schwach ausgeprägte Querbinden, die sich eher in großen Flecken zeigen. Vom hinteren Rand des Kiemendeckels ziehen sich zwei übereinanderliegende blau irisierende Tüpfelreihen bis in die Schwanzflossenbasis. Die Iris ist golden. Alle Flossen milchig trüb. Die Rückenflosse wird von einer oberen weißen und einer darunter liegenden gelben Punktlängsreihe durchzogen. Schwanz-, After- und Bauchflossen sind in den unteren Zonen schwärzlich. Über eine Nachzucht in Gefangenschaft wurde noch nichts bekannt.

Perissodus paradoxus (BOULENGER, 1898)

Ähnlich der Vertreter der Gattung *Perissodus* haben sich auch die Arten der Gattung *Plecodus* auf eine parasitäre Ernährungsweise eingestellt: Sie sind Schuppenfresser, die ihre Opfer mit schnellem Vorstoß ergreifen, um ihnen dabei mit Hilfe ihres besonders konstruierten Gebisses (vgl. S. 22) Schuppen mitsamt der Haut vom Körper zu reißen. Das besondere Gebiß mit den nach hinten gerichteten Zähnen läßt sich nicht bei geschlosse-

110

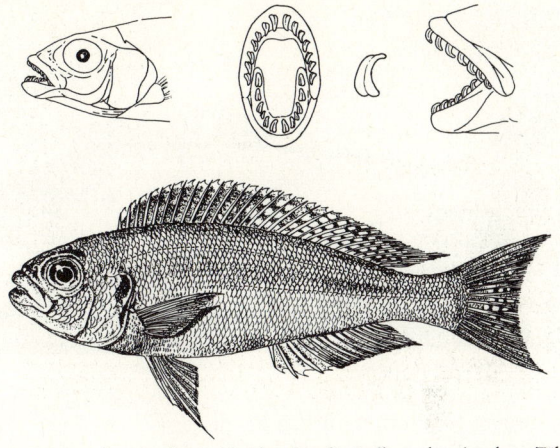

Abb. 43 *Perissodus paradoxus.* Man beachte die Stellung der einzelnen Zähne im Gebiß des Schuppenfressers (nach BOULENGER)

nem, sondern erst bei geöffnetem Maul erkennen. Eine ebensolche „Sonderkonstruktion" dürften die Verdauungsorgane dieser Fische darstellen, in deren Magen die Schuppen „wie Dachpfannen" ineinander gestapelt liegen, um darauf von den Verdauungsorganen zersetzt zu werden. Es versteht sich von selbst, daß diese Tiere sicherlich als willkommene Studienobjekte, keinesfalls aber als Mitbewohner eines Gesellschaftsaquariums geeignet sind. In Gefangenschaft lassen sie sich auch mit Insektenlarvenfutter ernähren. Bei der im Tanganjika-See endemisch vorkommenden Art handelt es sich wahrscheinlich um Maulbrüter. *Plecodus paradoxus* hat keine gattungstypische Form, vielmehr scheinen die verschiedenen *Plecodus*-Arten in einer Art Mimikry unterschiedliche Formen, die jeweils anderen Arten entsprechen, angenommen zu haben. *P. paradoxus* gleicht in seiner schlanken, gestreckten und flachrückigen Körperform eher einigen *Lamprologus*- oder *Telmatochromis*-Arten. Seine relativ große Schwanzflosse befähigt ihn zu schnellem

Foto 40   *Perissodus paradoxus*

Schwimmen, was ihm natürlich bei dieser Lebensweise gut zu-
statten kommt. Die Tiere erreichen eine Länge von etwa 25 cm,
doch bleiben sie im Aquarium kleiner.

Die Färbung des hier gezeigten Tieres (Foto 40) ist silbrig
blauviolett mit goldener Iris und ebensolchen Längsstreifen. In
der ockerfarbenen Rückenflosse liegen hellblaue Tüpfelreihen.
Blau irisierende Punktreihen verlaufen über die Wangen bis auf
die Kiemendeckel. Ein auffälliger schwarzer Fleck liegt am Ende des Schwanzstiels vor dem Beginn der transparenten bis mil-
chigweißen Caudalen.

Perissodus straeleni (POLL, 1948)

Für diese Art gilt im Grunde auch das für *P. paradoxus* Gesagte,
da sie sich ebenfalls von den Schuppen ihrer Tanganjika-See-
Mitbewohner ernähren. Auch sie sind Endemiten dieses Ge-
wässers und erreichen eine Gesamtlänge von etwa 16 cm.
Wahrscheinlich sind sie Maulbrüter, doch ist das nicht erwiesen.

Entgegen der Körperbeschreibung der vorgenannten Art ist
die Mimikry des *P. straeleni* eher den Streifenmustern eines *Cyphotilapia frontosa* oder des *Lamprologus tretocephalus* ange-

112

Foto 41   *Perissodus straelini*

paßt: Auf silbriggrauem Untergrund stehen hinter der Kopfmusterung 4—5 breite dunkelbraune Querbänder, deren erstes
hinter dem Kiemendeckelrand beginnt und deren letztes auf
dem Schwanzstiel liegt. Rücken-, Schwanz- und Afterflosse
sind leicht gelb gefärbt. Bei Wohlbefinden glänzt der Körper
metallisch.

Wie alle Tanganjika-Cichliden benötigen die Tiere nach
Möglichkeit ein Aquarienwasser, das dem im See so nahe wie
möglich kommt: 11° DGH bei einem pH-Wert um 9 und einer
Temperatur um 26° C. Einrichtung wie Felsenzone.

Gattung Petrochromis

Die Vertreter dieser Gattung gehören zu den sehr interessanten Aquarienpfleglingen. Sie haben dicke Lippen, die mit beweglichen dreispitzigen langstieligen und nach vorn gebogenen Zähnchen ausgestattet sind. Sie erfüllen damit einen ähnlichen Zweck wie die Zähne des „Nagelbrettspezialisten" *Petrotilapia tridentiger* aus dem Malawi-See, nämlich Algen bestimmter Arten von den Felsen abzuschaben. Der Gattungsname (petro = Stein) weist bereits auf die nur in den Felsregionen vertretenen Arten dieser Gattung hin. Die Fische können Größen bis zu 20 cm erreichen und sind Maulbrüter. Gattungstyp ist *P. polyodon*, der mit dem Aufstellen der Gattung durch BOULENGER im Jahre 1898 erstbeschrieben wurde.

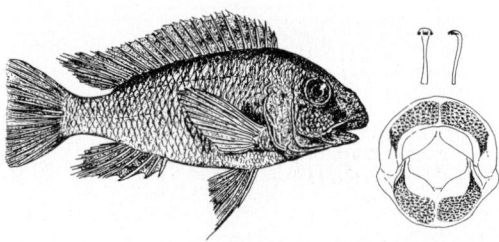

Abb. 44 *Petrochromis polyodon*. Man beachte die auf den wulstigen Lippen sitzenden, nach vorn gebogenen Zähnchen, mit denen Algen abgeraspelt werden (nach BOULENGER)

Petrochromis famula MATTHES & TREWAVAS, 1960

Wie alle Vertreter dieser Gattung lebt auch diese Art ausschließlich in der felsigen Litoralzone des Sees. Die etwa 15 cm langen Fische kommen, soweit bis jetzt bekannt wurde, an der östlichen Seite des Sees, nahe der tansanischen Stadt Kigoma vor. Gemessen an einigen anderen Verwandten, ist ihre Färbung bescheiden: Ihr Körper hat eine braune Grundfärbung; die

114

Schuppen haben einen helleren Rand und in den Zentren werden sie dunkler. Auch die unpaaren Flossen sind braun. Rückenflosse mit feinem dunklen Rand; im vorderen Bereich leicht orangefarben. Einen ebenso gefärbten Saum hat die Afterflosse. Bauchflossen orange; erste Strahlen braun. Vorderkopf zwischen den Augen schwärzlich mit blauem Schimmer. Weibliche Tiere tragen eine ähnliche Färbung wie die beschriebene, doch bleibt ihre Gesamterscheinung blasser.

Petrochromis fasciolatus BOULENGER, 1914

Eine gestreifte Art, wie bereits der Artname erkennen läßt. Die Tiere lassen in ihrer bräunlichen Grundfärbung mit grünlichem Schimmer ihre nahe Verwandtschaft mit dem *Tilapia*-Formenkreis erkennen. Sie werden wegen ihrer unattraktiven Färbung nur gelegentlich eingeführt und erscheinen nur selten in den Listen der Importeure. Länge 14—16 cm.

Petrochromis polyodon BOULENGER, 1898

Eine im Norden, im zentralen Bereich wie auch im Süden des Sees verbreitete Art. Die Tiere können in Ausnahmefällen über

Foto 42   *Petrochromis polyodon*

20 cm lang werden, bleiben jedoch im Aquarium kleiner. Bei dieser und der folgenden Art fällt die gedrungene Körperform mit dem großen Kopf besonders auf. Die Fische haben eine rostbraune Grundfärbung (♂) mit hellen Zonen (nach Querbindenart) in der oberen Flankenhälfte. Rücken- und Bauchflossen sind orangefarben, erstere mit hinterer olivgrüner Zone. Oliv ist auch das Ende des Schwanzstieles mit der Caudale sowie der obere Teil des Vorderkopfes (zwischen den Augen bis zur Lippe). Sicherlich aquaristisch eine interessante Art, deren Maulbrutgeschäft leider noch nicht beschrieben wurde.

Petrochromis trewavasae POLL, 1948

Beschrieben nach nur einem Exemplar von nur 12 cm Länge, doch inzwischen in vielen Sendungen eingeführt. Die Art ist auch im Aquarium bereits nachgezogen worden. Der Erfolg zeigte, daß die Vermehrungsrate bei diesen Maulbrütern ähnlich ist wie beispielsweise denen der Gattung *Ophthalmochromis:* Es werden nur wenige Eier abgegeben, doch diese haben dann einen Durchmesser bis zu 5 mm! Auf diese Weise können

Foto 43 *Petrochromis trewavasae*

116

die wenigen Jungfische später bereits mit einer Länge von etwa 2 cm das Maul der Mutter verlassen.

Diese Art hat allgemein eine tiefschwarze Färbung und ist, ähnlich jungen *Tropheus duboisi,* mit einem Muster feinster weißer, unregelmäßig angeordneter Tüpfel überdeckt. Durch derartige Färbung zeichnen sich besonders ältere Männchen aus. Sie zeigen darüber hinaus in der Afterflosse zwei goldene, überdurchschnittliche große Eiflecke. Ebenfalls fallen auf diesen dunklen Körpern die ockerfarbenen Schabelippen auf. Alle Flossen, besonders jedoch After- und Bauchflossen, sind lang ausgezipfelt.

Gattung Sarotherodon

Von den in Afrika weit verbreiteten Buntbarschen der Maulbrüter-Gattung *Sarotherodon* RUEPPELL, 1854 kommt keine Art im Tanganjika-See vor.

Gattung Simochromis

Bereits im Jahre 1898 von BOULENGER aufgestellt verfügt die Art heute über fünf oder sechs Arten, wobei über die Zugehörigkeit von zweien noch keine endgültige Klarheit zu bestehen scheint. GREENWOOD stellte die beiden Vertreter der Gattung *Limnotilapia (L. dardennii* und *L. looki)* zu dieser Gattung und setzte diese Gattung in die Synonymität von *Simochromis.*

Obgleich die Länge der Tiere relativ gemäßigt bleibt und *S. diagramma* in die Nähe der 20-cm-Grenze reicht, ist jetzt mit *S. dardennii* eine Art hinzugekommen, die etwa 10 cm länger werden kann. Die „alten" *Simochromis*-Arten ernähren sich nach Art der Aufwuchsfresser und weiden die Algen von den Felsen, während die Vertreter der ehemaligen Gattung *Limnotilapia* als Allesfresser bekannt sind. Alle aber sind Maulbrüter.

Simochromis babaulti PELLEGRIN, 1927

Die Mitglieder der Gattung *Simochromis* leben endemisch im Tanganjika-See, wo sie die Felszonen bevölkern. In ihrer verwandtschaftlichen Beziehung stehen sie den *Tropheus*-Arten nahe. Arttypisch ist das unterständige Maul mit der steil ansteigenden Stirn.

Bis zu 10,5 cm groß werden die Maulbrüter der Art *S. babaulti*. Ihre Körperfärbung besteht aus einem schmutzigen Gelbgrün mit heller Bauchzone. Etwa acht breite, schwarze Querbänder umlaufen den Körper. Sie sind in Bauchnähe meist kräftiger gefärbt als über dem Rücken. Dafür erscheint die gesamte Rückenzone wie schwärzlich gepudert; ebenso Stirn, Maulpartie und Kehle. Alle Flossen sind milchig transparent, doch weist die Rückenflosse ein arttypisches optisches Erkennungsmerkmal auf, das nur dem Männchen vorbehalten ist: eine sehr schwarze, kurze Längsbinde, die sich aber nur durch den vorderen Flossenteil, etwa bis zum achten Strahl, zieht. In der Analen stehen mehrere gelbliche bis orangerote Eiflecke.

Das Becken für die Haltung dieser Tiere sollte eine Länge von 120 cm nicht unterschreiten. Pflanzen, die man neben der Steineinrichtung einbringt, müssen hart sein und (am besten nahe den Seitenwänden) in Büschen zusammenstehen. Gemessen an

Foto 44 *Simochromis babaulti*

den üblichen Werten im See kann der pH-Wert über 8 liegen. Ist er etwas geringer, schadet das den Tieren erfahrungsgemäß nicht. Die Fische lassen sich gut mit anderen Cichliden aus dem See vergesellschaften. Bei der Fütterung erweisen sie sich als gute Fresser, denen man vor allem eine pflanzliche Zusatzkost nicht vorenthalten sollte.

Die Zucht von *S. babaulti* macht in den meisten Fällen keine allzugroßen Schwierigkeiten. Das Weibchen legt die Eier einzeln ab, um sie gleich darauf ins Maul zu nehmen. Darauf erfolgt die Befruchtung durch das Männchen nach der beschriebenen „Eifleck-Methode". Meist werden um die 50 Eier abgegeben. Während der Zeitigungsdauer nimmt das Weibchen keine Nahrung zu sich. Nach dem Schlupf der Jungen nehmen diese sofort kleinstes Lebendfutter auf. Ihre Aufzucht und ihr schnelles Wachstum kann man durch häufigen Wasserwechsel unterstützen.

Simochromis curvifrons POLL, 1942

Ebenfalls ein Endemit aus dem Tanganjika-See. Dieser Maulbrüter bewohnt die felsige Küstenzone und erreicht eine Maxi-

Foto 45   *Simochromis curvifrons,* ♂

mallänge von etwa 13,5 cm. Gegenüber seinen beiden Gattungsverwandten fällt dieser Fisch in seinem sehr „bescheidenen" Aussehen merklich ab. Der gelbbraune Körper ist über Kopf und Rücken dunkler, in der Bauchpartie hellt sich die Farbe ins Gelbliche auf. Lediglich die hellen, bisweilen fleischfarbenen Lippen stechen farblich etwas ab. Querbinden zeigen die Tiere kaum oder nur in Schreckreaktion. Alle Flossen sind mehr oder weniger grau gefärbt. Männchen tragen Eiflecke in der Analen. Mit der Revision von NELISSEN (1977) zur neuen Gattung *Pseudosimochromis* gestellt.

Simochromis dardennii (BOULENGER, 1899)

Hier haben wir es zwar nicht mit einer farblichen Schönheit, dafür aber mit einem alten Bekannten und vor allem mit einer sehr interessanten Art zu tun. Der silbriggelbe Fisch ist im Tan-

Foto 46   *Simochromis dardennii*

ganjika-See endemisch, wo die Tiere die Litoralzone wie auch Stellen des offenen Sees bevölkern. Da ausgewachsene Exemplare die stattliche Größe von 26 cm erreichen können, sind auch jüngere kleinere Tiere schon robust und wissen ihren Platz im Becken zu behaupten. Einzige Musterung der Fische sind eine Reihe von Querbinden, die den Körper überziehen. Bei den Weibchen ist diese Streifung stärker ausgebildet. Während der Balzzeit kann man sie bei den männlichen Tieren kaum erkennen. Dauernd sichtbar ist dagegen die Stirnzeichnung: ein Muster aus meist vier Querstreifen, die von Auge zu Auge verlaufen, und deren oberster von einem Kiemendeckeloberrand zum anderen über den Nacken schwingt. Den einzigen Kontrast zur silbrigen Zeichnung bildet der kräftig gelbe Saum der Rückenflosse neben der geringen Zahl der Eiflecke in den hinteren Analen. Eine weitere Art ist *L. loocki* POLL, 1949.

Simochromis diagramma (GUENTHER, 1893)

Diese größte der hier angeführten *Simochromis*-Arten erreicht eine Länge von annähernd 20 cm und lebt, wie ihre Gattungs-

Foto 47 *Simochromis diagramma*. Erwachsene Tiere erkennt man leicht am schwarzen Kehlfleck

verwandten, endemisch im See, wo auch wieder die Felsenzonen die bevorzugten Wohnreviere dieses Maulbrüters sind. Die Stirn ist bei *S. diagramma* besonders steil und die Nackenwölbung zum hohen Rücken extrem rund. Die Körperfärbung des Fisches entspricht im Grunde einem reinen Tarnmuster: Auf grüngolden schimmerndem Grund stehen etwa zehn Querbänder, die nicht so breit und auch blasser sind wie die von *S. babaulti*. Alle Flossen sind trüb-transparent. Eiflecke in der Analen sind zwar vorhanden, doch sind sie so klein ausgebildet, daß man sie kaum erkennen kann.

Simochromis marginatus POLL, 1956

Die Art wurde nach nur einem Exemplar von 9 cm Länge aus dem Gebiet von Manga beschrieben und ist seitdem meines Wissens nicht mehr aufgetaucht. Daher sind auch keine konkreten weiteren Angaben möglich. Beschreibungen neueren Datums sind *S. pleurospilus* NELISSEN, 1978 und *S. margaretae* G. AXELROD & HARRISON, 1978.

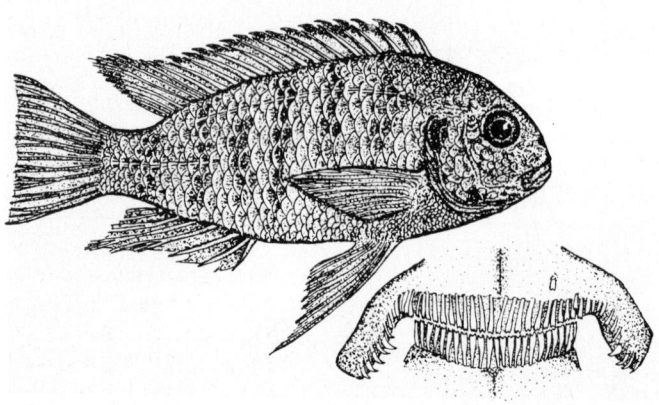

Abb. 45 *Simochromis margaretae* (nach TARR)

Gattung Spathodus

Seit BOULENGER diese Gattung im Jahre 1900 aufstellte und *S. erythrodon* zum Gattungstyp bestimmte, wurde nur noch eine weitere Art zur Gattung gestellt. Auch diese Fische gehören zu den „Grundelbuntbarschen" und sind mit den Vertretern der Gattungen *Eretmodus* und *Tanganicodus* eng verwandt. Wie bereits der deutsche Name erkennen läßt, leben diese Arten, ähnlich wie Grundeln, bodennah, wobei sie weniger schwimmen, als ruckweise von Punkt zu Punkt gleiten. Eine Ausnahme dieser Verhaltensweise bildet hier *S. marlieri,* der sich nicht in „hüpfender" Schwimmweise fortbewegt. Ihr Lebensraum im See ist die ufernahe Felsenzone, das sogenannte Felslitoral. Sie erinnern mich daher stets an die aus dem Meerwasseraquarium bekannten „Korallenwächter": Stets liegen sie, Wachtposten gleich, an einer selbsterwählten Stelle auf dem Aquarienboden oder einer etwas erhöhten Stelle, von der aus sie ihren gesamten näheren Lebensbereich überblicken können. Die Arten vermehren sich durch Maulbrüten. Während man die folgende Art überwiegend im See nahe der Wasseroberfläche antrifft, lebt die zweite Art bevorzugt in Tiefen unterhalb der 2-m-Grenze.

Spathodus erythrodon BOULENGER, 1900

Dieser Endemit bewohnt in seiner Heimat das Felslitoral und zählt mit seiner weniger als 8 cm messenden Größe zu den kleinsten Cichliden der afrikanischen Seen. Wie die abgeplattete Bauchpartie erkennen läßt, handelt es sich bei dieser Art um einen Bodenfisch. Man findet sie unter den Buntbarschen nicht häufig, vor allem nicht in den Seen, doch hat der über Jahrtausende währende Ausleseprozeß und die damit verbundene Evolution den Tieren offenbar keine Wahl gelassen, als in die untere Bodenzone auszuweichen. Die rückgebildete Schwimmblase läßt sie ständig zum Boden hin absinken, so daß sie im freien Wasser nur unbeholfene Schwimmer sind. Meist sitzen sie im

Foto 48 *Spathodus erythrodon*

steinigen Wohngebiet, gestützt auf ihre Bauch- und Brustflossen, vor einem Versteck. Sie ernähren sich überwiegend von Algenaufwuchs und dem darin befindlichen Mikroleben. Ihr Maul ist vorderständig und somit diesem Leben ausgezeichnet angepaßt. Die meist leicht geöffneten Lippen lassen eine rötliche Bezahnung erkennen. Die kleinen Grundelbuntbarsche sind Maulbrüter, und ihr Biotop läßt sich im Aquarium mit etwas Geschick gut nachahmen.

Die Körpergrundfärbung kann man als braunoliv bezeichnen, wobei die dunkelgerandeten Schuppen den Fisch wie mit einem Rautenmuster überziehen. Über den Körper laufen leuchtendblaue Punktreihen. Diese Punkte, die in weitem Abstand voneinander stehen, setzen sich bis in Rücken- und Schwanzflosse fort. Beide Flossen tragen einen dunklen Saum, unter dem ein leuchtend blauer liegt. Der Kopf weist ebenfalls ein Muster von blauen Strichen und Punkten auf, und die Unterlippe ist gleich gefärbt.

Meist zeigen die Tiere bei der Balz ein etwas verändertes Verhalten, als man das bei den meisten Maulbrütern feststellen kann: Das Weibchen beteiligt sich ebenfalls, wie beide Tiere offenbar eine lange, ausdauernde Verbindung eingehen, wobei sie viele Dinge gemeinsam tun.

Spathodus marlieri POLL, 1950

Ein Grundelbuntbarsch mit einem etwas höheren und damit auffälligerem Buckel als man ihn bei den übrigen Arten dieser Gruppe findet. Die Fische erreichen eine Länge von 10 cm, und ihr Verhalten unterscheidet sich ganz wesentlich von dem der vorgenannten Art. *S. marlieri* „hüpft" nicht gleitend durchs Wasser, er kann vielmehr über eine längere Spanne über den Felsgrund schwimmen und läßt dabei die ruckartigen Bewegungen vermissen. Im Gegensatz zu den oft mausgrau gefärbten Tieren, wie man sie in Aquarien findet, sind die Fische im See eher anthrazitfarben und zeigen einige wenige grün irisierende Tüpfel auf dem Kopf. Soweit bis jetzt bekannt wurde, kommen Tiere dieser Art nur im nordwestlichen Teil des Sees vor. Sie eignen sich als aquaristische Pfleglinge insofern schlecht, als sie sehr aggressiv sind. Ihr Territorialverhalten erlaubt weder arteigene Tiere noch solche anderer Arten im groß-

Foto 49   *Spathodus marlieri*

zügig ausgelegten Revier. Ihre Ernährung macht dagegen keine Schwierigkeiten, denn sie nehmen vielerlei Futtersorten, am liebsten allerdings Mückenlarven — auch tiefgefrorene.

Gattung Tanganicodus

Diese Gattung steht verwandtschaftlich in engem Zusammenhang mit der vorher beschriebenen. Sie wurde erst im Jahre 1950 von POLL aufgestellt und ist monotypisch. Im Habitus ähneln die Tiere den übrigen Grundelbuntbarschen, doch haben sie einen zugespitzteren Kopf, dessen fast unterständiges Maul mit einer besonderen Serie von längeren Greifzähnen (Abb. 6) ausgestattet ist. Auch diese Tiere leben im ufernahen Felsbiotop und ernähren sich wahrscheinlich von Kleinlebewesen, die sich im Algenwuchs versteckt halten: Die greifzangenähnlichen Zähnchen sprechen dafür.

Tanganicodus irsacae POLL, 1950

Die einzige Art der Gattung lebt endemisch als Maulbrüter im See. Ihr Äußeres wie auch ihre Färbung ist der von *Eretmodus cyanostictus* ähnlich, doch kann man beide Arten allein durch

Abb. 46 *Tanganicodus irsacae*. Man beachte das „Pinzettgebiß"! (Nach POLL)

den spitzeren Kopf von *T. irsacae* und das kleinere, fast unterständige Maul mit der vorspringenden Oberlippe auseinanderhalten. Auch bei dieser Art ist die Grundfärbung braungrau. Eine Zahl heller Querbinden liegt über den Flanken; sie erreichen den Rückenfirst nur in der hinteren Körperhälfte. Die ungebänderte Kopf- und Rückenzone ist mit blaugrünen Tüpfeln und Strichen (Vorderkopf) überzogen. Die verlängerten Brustflossen sind, wie auch bei den anderen Grundelbuntbarschen, zu Stützorganen umfunktioniert. Die kleinen Fische werden etwa 7 cm lang.

Gattung Telmatochromis

Alle fünf Vertreter dieser endemischen Gattung leben im Tanganjika-See. BOULENGER stellte sie schon 1898 auf und bestimmte *T. vittatus* zum Gattungstyp. Die Länge der Arten ist unterschiedlich und reicht von 6–12 cm. Sie sind nicht maulbrütend und ernähren sich von verschiedener Nahrung (Allesfresser), wobei lebende Beute kleinerer Art nicht verschmäht wird. Eine enge Verwandtschaft dieser Gattungsvertreter zu denen der Gattungen *Chalinochromis, Julidochromis* und *Lamprologus* ist auch äußerlich feststellbar.

Die früher zur Gattung gestellte Art *T. lastradei* wurde von POLL als Synonym von *T. temporalis* erkannt.

Telmatochromis bifrenatus MYERS, 1936   Farbtafel I

Der kleine Endemit lebt im Felslitoral und wird nur etwa 5,5 cm groß. Er zählt zu den Höhlenbrütern. Seine Färbung ist in der oberen Körperhälfte hell ockerfarben, in der unteren dagegen weißlich. Zwei markante Binden ziehen sich über den Körper. Die auffälligere mittlere beginnt auf der Oberlippe, führt durch die untere Augenhälfte, bildet einen Fleck an der Brustflossenbasis und verläuft bis zu einem dunklen Punkt in der Caudalbasis. Über dieser Längsbinde liegen in der hinteren

Körperhälfte sechs bis sieben sehr dunkle, schräg nach hinten verlaufende Querstriche, die arttypisch sind. Eine zweite Längsbinde zieht sich von einer Kopfmaske über die Stirn durch die Dorsalbasis bis in den weichen Teil der Rückenflosse. Die darüberliegende Zone der Dorsalen ist gelb gefärbt und am oberen Rand schwarz gesäumt. Unter diesem schwarzen Saum liegen feine hellblaue Linien und Punkte, von denen auch Schwanz- und Afterflosse einige aufweisen.

Telmatochromis caninus POLL, 1942   Farbtafel VII

Die Tiere bewohnen ebenfalls endemisch die felsige Küstenzone. Sie werden zwischen 11 und 12 cm groß. Im Aquarium entpuppen sie sich als revierbildende Fische, denen man, bei Vergesellschaftung mit anderen Arten, in erster Linie einen Steinaufbau wie im heimatlichen Biotop anbieten soll. Pflanzen sind nicht gefragt. Die Beckenlänge sollte nicht unter 80 cm liegen. Obgleich sicher manch ein Aquarienfreund gern eine Moorkienwurzel zur Revierteilung einbringen möchte, kann sie auf die Dauer nicht als vorteilhaft angesehen werden, da sie das Wasser unnötig ansäuert. *T. caninus* ist nicht besonders zimperlich und relativ anpassungsfähig, doch wenn man die heimatlichen Wasserwerte (DGH 11° und pH-Wert 9) berücksichtigt, sollte man nicht zu sehr davon abweichen. Die Durchschnitts-

Foto 50   *Telmatochromis caninus*

temperatur kann zwischen 25 und 27° C liegen. Die Höhlenlaicher sind Allesfresser.

Die Körperfärbung ist ein Mausgrau, das sich zu Rücken und Kopf hin etwas abdunkelt und einen grünockerfarbenen Ton annimmt. Das Ockergelb verstärkt sich besonders zum Kopf hin. Alle Flossen sind olivgrün gefärbt. Dorsale und Anale führen an der Flossenbasis eine stark ockerfarbene Zone. Die gewölbte Stirn bildet mit zunehmendem Alter der Männchen einen Fetthöcker, der den Tieren, zusammen mit den dicken wulstigen Lippen, ein kräftiges, bulliges Aussehen verleiht.

Bei der Zucht werden die Eier meist an die Höhlendecke geheftet. Sie haben eine hellbeige Farbe und sind ungefähr 1,5 bis 2,0 mm groß. Die Larven schlüpfen nach etwa zwei Tagen und schwimmen nach sechs weiteren Tagen frei. Jetzt fressen sie Lebend- wie auch Staubfutter.

Telmatochromis temporalis BOULENGER, 1898

Auch diese Art ist im See endemisch. Die Höhlenbrüter werden etwas über 10 cm groß. Im Aquarium sollen nur starke Tiere mit anderen Cichliden vergesellschaftet werden, denn nur sie können sich ihrer Haut wehren, wenn es bei der Eingewöh-

Foto 51 *Telmatochromis temporalis*

nung zu größeren Reibereien kommt. Ein Becken mit vielen Höhlen ist Voraussetzung. Ansonsten verfahre man mit Einrichtung und Wasser wie bei *T. caninus* beschrieben. Die Allesfresser nehmen bevorzugt sich bewegendes Lebendfutter.

T. temporalis zeigt allgemein eine durch und durch schwarze Körperfärbung. Durch die weißlichgrauen Schuppenränder entsteht ein Netzmuster über dem Körper. Die Flanken zeigen im vorderen Bereich bei Wohlbefinden einen rötlichen Schimmer. Unter dem Auge mit der rotorangefarbenen Iris liegt ein hellblauer Schrägstrich. Die Rückenflosse ist ebenso blau gesäumt, wie sich auch in den Membranfeldern zwischen den Flossenstrahlen sehr feine blaue Tüpfel befinden. Schwanz- und Bauchflossen zeigen ebenfalls feine hellblaue Säume. Der Kopf ist bullig (Foto) und die Männchen bekommen mit zunehmendem Alter einen Stirnbuckel. Der früher als selbständige Art angesehene *T. lastradei* wurde inzwischen von POLL als Synonym dieser Art angesehen.

Telmatochromis vittatus BOULENGER, 1898

Der Gattungstyp wird um die 8 cm lang. Er wird verschiedentlich mit den Exemplaren von *T. bifrenatus* verwechselt. *T. vittatus* erkennt man einmal an der höheren Stirn und dem damit verbundenen kürzeren Kopf, zum anderen an der nicht unterbrochenen breiten dunklen Längsbinde, die bei *T. bifrenatus* durch kleine dunkle Schrägstriche durchbrochen wird.

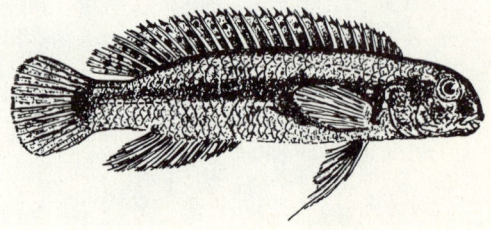

Abb. 47 *Telmatochromis vittatus* (nach BOULENBGER)

Die Grundfärbung ist ein schmutziges Ocker, das in der Bauchregion in silbrige Töne übergeht. Ein breites, schwarzes Längsband zieht sich von der Oberlippe zum hinteren Schwanzstiel, wo es in einem rundlichen Fleck endet. Auf jeder Seite der Dorsalbasis liegt eine weitere (feinere) schwarze Längsbinde. Die Rückenflosse ist ebenso mit einem feinen, schwarzem Saum versehen wie der obere und untere Rand der Schwanzflosse. Darunter liegen feine, blaue Linien, wie sie sich auch an den Vorderrändern der Bauchflossen befinden. Unter den Augen eine gelbe Zone; ebenso gelb sind die Brustflossen gefärbt. Hellblaue Markierungen ferner um die Lippen, unter den Augen und im Bereich der Kiemendeckelränder.

Gattung Trematocara

Bei den Vertretern dieser Gattung haben wir es wieder mit ähnlichen Höhlenbewohnern zu tun, wie sie bereits mit der Gattung *Aulonocranus* (vergleiche Seite 33) angesprochen wurden. BOULENGER stellte die Gattung 1899 auf und bestimmte *T. marginatum* zum Gattungstyp. In der Zwischenzeit wurden acht Arten beschrieben, die alle als Endemiten im Tanganjika-See leben. Wie die großen Sammlungen in POLL (1956) ausweisen, kommen die acht bekannten und wissenschaftlich beschriebenen Arten in allen Teilen des Sees vor, zum Teil in ziemlich großen Tiefen bis zu 160 m! Dies sollte jedoch die Importeure nicht abschrecken, denn es wurden auch Tiere aus Tiefen bis zu 10 m an die Oberfläche geholt. Wenn die Hypothese, daß die Tiere nachts aufsteigen, stimmt, bestehen auch aus dieser Sicht Chancen, daß sie eines Tages in größeren Mengen eingeführt werden. Aufgrund der bathyalen (= tief im See) Lebensweise fehlen Angaben aus Biotop-Beobachtungen.

9*

131

Es wurden folgende Arten beschrieben von denen einige auf der folgenden Seite abgebildet sind (Längen und Tiefen nach Fund):

T. caparti POLL, 1948
Länge bis 7 cm, bis 160 m Tiefe, lebt in Verbindung mit Schnecken *(Neothauma)*.

T. kufferathi POLL, 1948
Länge bis 7 cm, bis 160 m Tiefe, lebt in Verbindung mit Schnecken *(Neothauma)*.

T. macrostoma POLL, 1952
Länge bis 5 cm, bis 60 m Tiefe (?), Leben in Verbindung mit Schnecken nicht nachgewiesen (nur 1 Bestimmungsexemplar).

T. marginatum BOULENGER, 1899
Länge bis 10 cm, bis 100 m Tiefe, Leben in Verbindung mit Schnecken festgestellt.

T. nigrifrons BOULENGER, 1906
Länge bis 12 cm, bis 160 m Tiefe, lebt auch in Verbindung mit Schnecken.

T. stigmaticum POLL, 1943
Länge bis 8 cm, bis 76 m Tiefe, lebt auch in Verbindung mit Schnecken.

T. unimaculatum BOULENGER, 1901
Länge bis 15 cm, bis 100 m Tiefe, lebt in Verbindung mit Schnecken *(Neothauma)*.

T. variabile POLL, 1953
Länge bis 9 cm, bis in 125 m Tiefe, lebt in Verbindung mit Schnecken (auch *Neothauma*).

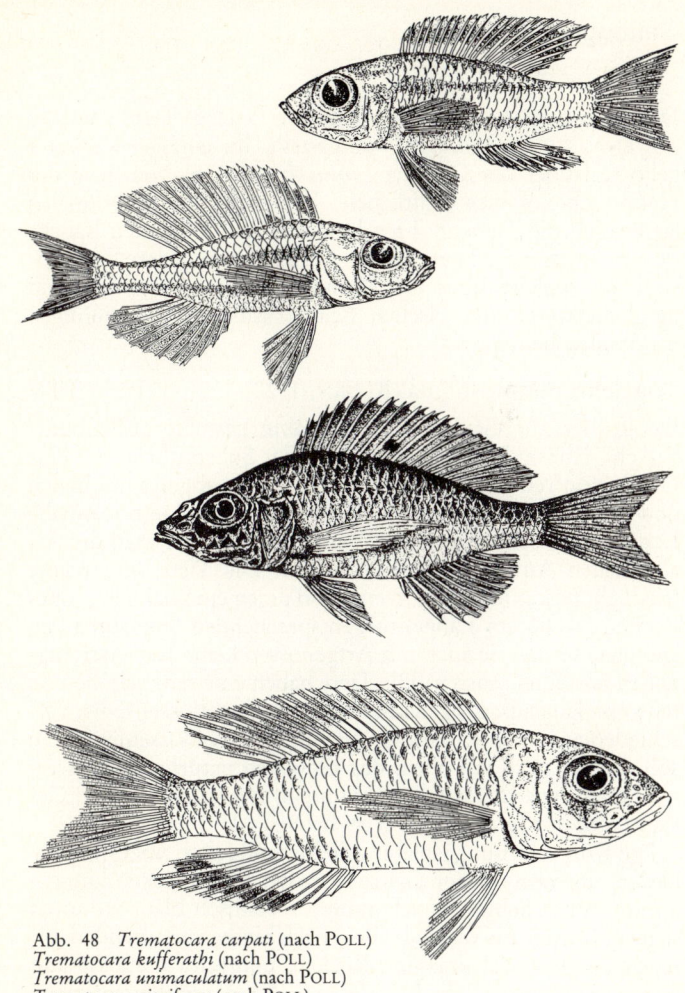

Abb. 48 *Trematocara carpati* (nach POLL)
Trematocara kufferathi (nach POLL)
Trematocara unimaculatum (nach POLL)
Trematocara nigrifrons (nach POLL)

Gattung Triglachromis

Die monotypische Gattung wurde von POLL & THYS VAN DER AUDENAERDE im Jahre 1974 aufgestellt. Ihr einziger Vertreter gehörte früher der Gattung *Limnochromis* an. Neben in der Hauptsache wissenschaftlichen Unterscheidungsmerkmalen lassen sich die Tiere an ihren besonders ausgebildeten Bauchflossen erkennen: Diese tragen verlängerte vordere Flossenstrahlen, welche über die Membranen hinauswachsen und möglicherweise den Fischen beim Tasten im schlammigen Sandboden helfen.

Triglachromis otostigma (REGAN, 1920)   Farbtafel V

Der früher zur Gattung *Limnochromis* gestellte „Elfenbuntbarsch" lebt endemisch im See, wo der Substratbrüter(?) eine Größe von reichlichen 10 cm erreicht. Der abgeflachte Bauch und das leicht unterständige Maul lassen auf eine bodennahe Lebensweise schließen. Vom Verhalten her kann man die Art als idealen Aquarienfisch bezeichnen. Die Tiere sind relativ friedlich, besonders dann, wenn man ihnen ein reichlich großes Becken (ab 80 cm Länge) mit entsprechenden Steinaufbauten anbietet, so daß sie auch mit Artgenossen keine Revierstreitigkeiten anstellen müssen. Die Tiere haben eine sehr schöne und teilweise lang ausgezogene Beflossung (Bauchflossen), die, verschiedenen Berichten zufolge, anfällig gegen Flossenfäule sein soll. Daher muß vor allem das Einhalten natürlicher Wasserqualitäten, wie sie im See vorkommen, angeraten werden: Gesamthärte um 11° und pH-Wert bei 9!

Die Körperfärbung ist lehmgelb bis goldocker, über dem zuweilen ein rosafarbener Glanz liegt, der zum Rücken hin zunimmt. Viele Schuppen schimmern metallisch blau, wodurch sich ein Muster aus vertikal schräg nach hinten verlaufenden unregelmäßigen Strichen ergibt. Rücken- und Schwanzflosse sind transparent wie auch die Brustflossen. After- und Bauchflossen

Foto 52 *Triglachromis otostigma*

milchweiß. Auf dem oberen Kiemendeckelbogen liegt ein dunkler Fleck, der meist nach vorn hin weiß abgesetzt ist. Die Kehle ist weißlich.

Gattung Tropheus

BOULENGER stellte die Gattung 1898 auf und bestimmte *T. moorii* zum Gattungstyp. In ihrer Lebensweise entsprechen die zu dieser Gattung gestellten Arten (Gattungstyp mit vielen geographischen Variationen) den Vertretern der Gattung *Pseudotropheus* aus dem Malawi-See: Sie sind eng an das Felslitoral gebunden und ernähren sich in erster Linie durch Abweiden der Algen. Entsprechend diesem revierbetonten Leben sind die

135

Tropheus-Arten nicht nur rauflustig; fremde Tiere haben kaum eine Chance, in das von artgleichen Verwandten bewohnte Gebiet einzudringen: Sie werden getötet. Dadurch erwächst für den Aquarianer das Problem, ein Becken mit vielen Verstecken zu schaffen und zudem den Erstbesatz mit artgleichen Tieren möglichst geschlossen anzuschaffen. Neuzugänge werden stark bekämpft und oft getötet.

Tropheus brichardi NELISSEN & THYS, 1975   ohne Abb.

Ein interessanter Aspekt zur Namensgebung der neuen Art. Die Autoren schrieben: „Mr. P. Brichard sandte uns freundlicherweise zwölf lebende Exemplare von *T. moorii* – Fische von Nyanza an der Küste Burundis. Während einer vergleichenden ethologischen Studie der Gattung *Tropheus* durch NELISSEN stellte sich bald heraus, daß die Fische von Nyanza einige fundamentale Unterschiede zu *T. moorii* (herausgefunden durch WICKLER, 1969 und NELISSEN, 1976) und *T. duboisi* aufweisen. Diese Unterschiede haben uns veranlaßt, eine neue Art aufzustellen."

Zuvor war diese Art als Farbrasse „Schokomoorii" bekanntgeworden, aber auch von dieser Art sind bereits zwei Farbrassen bekannt: Der Typus ist tiefbraun mit einem roten Streif über dem Schwanzstiel (südliche Population), während eine „Regenbogenvariante" beiderseits der Mündung des Lufubu-Flusses vorkommt. Bereits MATTHES (1962) sprach von einer braunen Variante. *T. brichardi* wird etwa 12 cm lang und unterscheidet sich von *T. duboisi* und *T. moorii* in erster Linie durch seine Färbung, nicht jedoch durch die sogenannten biometrischen Differenzierungen, also Maßen und Zählungen körperlicher Merkmale. Im Vergleich mit *T. moorii* werden von den Autoren ein breiteres Maul und ein längerer Kopf für diese Art angeführt. Für den Aquarianer sind solche Unterschiede kaum von Interesse, es sei denn, er hat sich auf Haltung und Zucht dieser Gattungsvertreter spezialisiert. Sie unterscheiden sich dabei nicht von den übrigen Arten.

Tropheus duboisi MARLIER, 1959   Farbtafel VIII

Es hieße „Fische in den Tanganjika-See tragen", wollte man einem Cichliden-Fan noch etwas über den „Weißpunkt-Buntbarsch" erzählen. Diese Art hat wahrscheinlich in den letzten
Jahren am meisten an ihrem Geldbeutel gezehrt! Die recht selte-
nen Tiere wurden erst 1959 zum ersten Mal beschrieben (Rev.
Zool. Bot. Afr. 59/164—83) und waren anfangs wirklich eine
Sensation. Dabei sind sie nicht einmal besonders bunt oder
sonst ausgeprägt „schön".

Die bis zu etwa 12 cm groß werdenden Cichliden sind mit
der folgend beschriebenen Art eng verwandt. Früheren Angaben zufolge fand man die Tiere nur im nordwestlichen Teil des
Tanganjika-Sees auf der Zaire-Seite, inzwischen jedoch hat man
in begrenzten Revieren die Art auch in Kigoma (Tansania), hin-
auf bis zur Burundi-Grenze gefunden und, nach einer Unter-
brechung, wieder ein großes Stück südlich von Kigoma, am
östlichen Ufer.

Foto 53 *Tropheus duboisi*, adultes Paar

Foto 54 *Tropheus duboisi*, Weibchen mit Eiern im Maul

Der Name „Weißpunkt-Buntbarsch" wurde der Art nach den weißen Körperflecken, die bei jungen Tieren auf schwarzem Körpergrund stehen, gegeben. Mit zunehmendem Alter verschwinden diese weißen Punkte aber und machen einer weißen Querbinde, die in den ersten Dorsalstrahlen beginnt, Platz. Es gibt aber auch Tiere, die sich während der Übergangsperiode einheitlich grauschwarz färben und dann weder Punkte noch Binde aufweisen. Diese Kenntnis verdanken wir aber lediglich den Tieren, die im Nordwesten des Sees gefangen wurden. Bei den südlicher gefundenen Tieren, die sich räumlich in unterschiedlichen Regionen, die voneinander durch größere Sandzonen oder andere Hindernisse strikt getrennt sind, abgesondert entwickeln konnten, haben sich neue Rassen oder Farbschläge gebildet. Diese Isolation einzelner Populationen, die wir auch bei *T. moorii* kennenlernen werden, bewirkt eine Veränderung der Erbanlage, wobei es aber wohl voreilig wäre, hier schon von Darwinismus (= Artumwandlung) zu sprechen. Tiere dieser

südlichen Fundstellen tragen beispielsweise breite gelbe Querbinden anstelle der weißen. Es ist fast als sicher anzunehmen,
daß man im Laufe der Zeit auch noch andersfarbige Varianten
findet.

Die Fische leben nicht in größeren Gruppen oder gar
Schwärmen, was den Fang erleichtern würde, sondern paarweise in ihrem Felsrevier. Hier findet auch ihre Fortpflanzung
statt. Das Paar bildet eine Mutterfamilie, was ja bei diesen hoch-
spezialisierten Maulbrütern keine Seltenheit ist. Diese Cichliden im Aquarium zu halten und nachzuzüchten, macht dann
keine Schwierigkeiten, wenn man den Lebensraum wie die
ökologischen Ansprüche so gut wie möglich nachahmt. Bei dieser Gelegenheit sei noch einmal auf die Wasserwerte hingewie-
sen, wie sie durchweg im See vorhanden sind: Gesamthärte um
11° bei einem pH-Wert von 9. Die Wassertemperaturen liegen
durchschnittlich bei 25−26° C. Im heimatlichen See finden die
Fische ihr Futter durch Abweiden des Algenaufwuchses. So

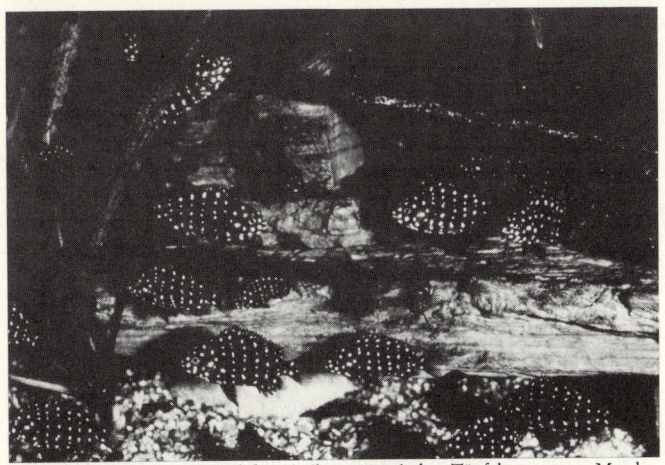

Foto 55 Jungfische von *T. duboisi* in ihrer arttypischen Tüpfelmusterung. Man beachte die Signalwirkung!

139

sind sie auch in Gefangenschaft stark auf vegetarische Kost angewiesen, wobei man jeweils ihren besonderen Geschmack
durch Tests feststellen muß.

Zur Zucht läßt sich über das Zusammenstellen von Paaren
nur soviel sagen, daß beide Tiere die gleiche Färbung haben,
Männchen aber etwas „üppiger" befloßt sind. Sie sind auch ge-
ringfügig größer. So groß die Eier mit etwa 8 mm werden, so
gering ist ihre Zahl bei jeder Zucht: 8–10. Reichliche vier Wochen vergehen, bevor der Pfleger die Jungen zu Gesicht bekommt. Der Dottervorrat des großen Eies erlaubt ihnen eine
geruhsame Zeit in Mutters Maul!

Tropheus moorii BOULENGER, 1898   Farbtafel VIII

Der „Brabantbuntbarsch" ist, wie man an der Erstbeschreibung
erkennt (BOULENGER, G. A., 1898: "Report on the Collection
of Fishes made by Mr. J. E. S. Moore in Lake Tanganyika du-
ring his Expedition 1895–1896." Trans. Zool. Soc. London,
15, part I, 1–30), keine Entdeckung neueren Datums, obgleich
die Fische erst im letzten Jahrzehnt für die Aquaristik interessant geworden sind. Die im Tanganjika-See endemische Art ist
recht verbreitet und lebt im Bereich der Felszone in Tiefen nahe
der Wasseroberfläche. Die Fische können bis zu 15 cm groß
werden, weibliche Tiere können kleiner sein.

Man findet diesen Cichliden an verschiedenen, durch unterschiedliche natürliche Hindernisse (Tiefwasser, Sandzonen
usw.) isolierte Zonen, so daß sich die einzelnen Populationen
insbesonders auch farblich durch Änderung der Erbanlage voneinander entfernten. Die Folge davon ist ein im Augenblick
noch unübersehbares Angebot von über 20 Rassen, die beispielsweise als Gelbbauchmoorii, Schwanzstreifenmoorii, Regenbogenmoorii, Roter Moorii usw. gehandelt werden. Wir
können aus Raumgründen nur auf die Grundrasse (ist sie es
wirklich, oder wurde sie nur zuerst entdeckt?) eingehen.

Viele der neuen Varianten stammen vom südlichsten Teil des
Sees, der Kasaba-Bay im Norden Sambias. Die Tiere leben hier

in einem Biotop, das von keinen höheren Pflanzen bestanden ist, von denen sie sich unter anderem ernähren könnten. Sie sind daher, als Vegetarier, ausschließlich auf die Versorgung mit Algenaufwuchs angewiesen. Doch ist anzunehmen, daß sie mit diesem dünnen Belag auch die darin enthaltenen Mikroorganismen aufnehmen, durch die sie zusätzlich mit verschiedenen lebenswichtigen Stoffen versorgt werden.

Bei aquaristischer Haltung benötigen die Tiere ein biotopgerecht eingerichtetes Becken mit vielen Steinhöhlen und kräftigem Oberlicht. In düster beleuchteten Behältern wachsen weder die nötigen Algen, noch entspricht ein solches Licht für Tiere, die knapp unter der Wasseroberfläche leben, dem tropischen langen Sonnentag. Die verständliche Streitsüchtigkeit dieser Revierfische kann nur durch ausgewogene Besetzung in Verbindung mit ausreichenden Verstecken unterbunden werden. Wer den Tieren keinen ausreichenden Algenwuchs anbieten kann (und das wird beim beschränkten Raum im Aquarium oft der Fall sein), muß ihnen eine vegetarische Zusatzkost anbieten (überbrühter Spinat, gut gewaschener Kopfsalat, Haferflocken usw.). Darüber hinaus wird natürlich auch Lebendfutter angenommen. Die Wasserwerte entsprechen denen, wie sie bei *T. duboisi* beschrieben wurden. Die Zucht entspricht etwa der von *T. duboisi*, und auch hier haben wir es mit relativ großen, aus dem Maul der Mutter entlassenen Jungtieren (1 cm) zu tun.

Zu dieser Art beschrieb NELISSEN 1977 die Unterart *T. m. kasabae*, die früher als „Regenbogenmoorii" bekannt war. Sie stammt von der Kasaba Bay im Süden des Sees (Sambia).

Foto 56   Der „Regenbogenmoorii" wurde als Unterart *T. m. kasabae* beschrieben

Kurzbeschreibung der bekanntesten lokalen Populationen:

„Querstreifenmoorii": Körperfärbung schwarzocker mit hellerer, lehmfarbener Bauchpartie. Über dem Körper 5−6 Querbinden, die ockerfarben hell wie der Bauch sind. Alle Flossen zum Teil ockerfarben mit mehr oder weniger dunklem Anteil. Dorsale und Anale mit orangeroten Punkten.

    „Schwanzstreifenmoorii": Kopf und Schwanzflosse dunkel bis schwärzlich. Rücken-, After- und Bauchflossen mehr oder weniger hell beige. Vom Schwanzstiel zieht sich ein rötlicher Längsstreifen in den Körper hinein etwa bis zum vorderen Ansatz der Analen. Kehle leicht gerötet. Kopf mit wenigen roten Tüpfeln (vergl. Farbtafel VIII).

Foto 57   Noch nicht voll ausgefärbtes Tier des „Querstreifenmoorii". Am Kopf erkennt man bereits die später größeren weißen Tüpfel

Foto 58   Porträt eines voll ausgefärbten Tieres des „Querstreifenmoorii" mit weißen Kopftüpfeln

„Orangebreitband": Diese Variante, auch „Orange II" bezeichnet, trägt eine breite, über der Körpermitte liegende Querbinde gelboranger Färbung. Der übrige Körper ist nicht völlig schwarz, sondern zeigt gelblichen Schimmer. Sie stammt aus dem Nordwesten des Sees. Variante „Orange I" ist ähnlich, jedoch mit schmalerem Band.

„Zitronenbreitband": Auch von dieser Farbform gibt es zwei Varianten, „Zitrone I und II". Beide zeigen auf schwarzem Grund eine mehr oder weniger ausgeprägte Gelbfärbung, jedoch weniger als Binde ausgeprägt. Das Zentrum dieser Färbung liegt auf der Flankenmitte und zieht sich bei „II" bis in die Flossenbasis hinein. Fundort dieser Formen ist der Süden des Sees.

„Kaisermoorii": Eine besonders prächtige Art mit einem leuchtend gelben, breiten Band über dem Körper, dabei der übrige Fisch tiefschwarz. Stammt von der südöstlichen Seite des Sees. Die Binde zieht sich bis in die halbe Rückenflosse.

„Schwarzroter Moorii": Der ganze Fisch ist blauschwarz gefärbt. Aus dieser Grundfärbung schimmert ein intensives Rot,

Foto 59   Der „Kaisermoorii" zeigt über der Körpermitte eine breite gelbe Binde

das besonders im vorderen Bereich der Rücken- und Afterflosse, der Bauchflossen sowie auf Brust und Wangen auffällt.

„**Gelbroter Moorii**": Körper blauschwarz mit weißgelb und rot abgesetzter Querbinde, dabei Dorsale vom 5. bis 9. Strahl leuchtend rot; darunter liegt ein weißgelbes, unten spitz zulaufendes Dreieck, das sich wiederum zu einem roten Feld verbreitert. Auch als „Brabantbuntbarsch" (wegen seiner „belgischen" Farben) bekannt.

„**Papageienmoorii**": Ebenfalls eine sehr gefragte Form, die auch als „Orangenfleck-Moorii" bekannt ist. Bei diesen Tieren liegt ein kräftig orange leuchtender ovaler Fleck hinter den Kiemendeckeln und zieht sich etwa bis zur Rückenflossenmitte. Bei erwachsenen Tieren wird der Bauch hell. Kehle und Dorsale tragen einen feinen blauen Schimmer (vergl. Farbtafel VIII).

„**Blutkehl-Moorii**": Ein schwarzer Fisch mit hellen, olivbeigen Querbinden über der oberen Körperhälfte und einem

Foto 60   „Papageien-" oder „Orangenfleck-Moorii"

rostroten Fleck im Kehlbereich. Stammt vom sambianischen Westufer des Sees, nahe der Grenze zu Zaire.

„Grüner Moorii": Auch als „Goldtropheus" im Handel; Tiere mit bläulich überlagertem Gelbton (= grün) vom Kopf bis zum Schwanzstielansatz. Stiel und Flossen grauschwarz. Iris leicht blau. Stammt von der Ostseite des Sees (Einfluß des Malagarazi bis zum Lugufu-Fluß), vergl. Farbtafel VIII.

Tropheus polli G. Axelrod, 1977   Farbtafel VIII

Ein neuer Artname, diesmal durch eine wissenschaftliche Beschreibung abgesichert, für einen alten Bekannten. Die *T. moorii* nahestehende Art wurde früher als „Gabelschwanz-Variante" geführt und wird bis zu 16 cm lang. Die Grundfärbung der Fische, deren Verbreitungsgebiet um Kigoma (Tansania), und südlich davon, zu finden ist, kann man als hellbeige mit olivem Schimmer bezeichnen. Diese Färbung fällt zuweilen recht hell aus und ist von tiefschwarzen Querbinden überlagert. Die Binden, etwa neun an der Zahl sind so breit, daß der helle Zwischenraum nur schmal erscheint. Das auffälligste äußere Merkmal dieser Art ist jedoch ihre gegabelte Schwanzflosse, wie man sie in dieser Form bei den übrigen Arten nicht findet. *T. polli* ist inzwischen ein ständiger Gast in unseren Aquarien.

Gattung Tylochromis

Ein Vertreter der Gattung lebt im See endemisch *(T. polylepis),* doch gibt es noch eine Reihe weiterer Arten im Kongo/Zaire-Becken. Die Maulbrüter sind Allesfresser mit Vorliebe für vegetarische Kost. Regan stellte die Gattung 1920 auf.

Tylochromis polylepis (Boulenger, 1900)

Eine Gattung, deren Mitglieder selten eingeführt werden. Die über 30 cm groß werdenden Fische leben als Maulbrüter endemisch im Tanganjika-See, bewohnen aber dort nicht die oberen

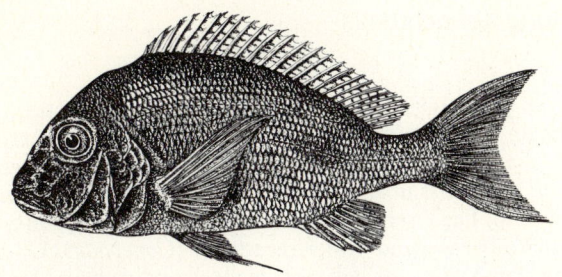

Abb. 49 *Tylochromis polylepis* (nach POLL)

Wasserschichten, sondern einen Bereich, der von etwa 10−20 Metern reicht. Über die verwandte Art *T. lateralis* (BOULEN-GER, 1898) gibt es noch weniger Informationen. Die Tiere bleiben etwas kleiner und sollen im Tanganjika-See und im oberen Kongo angetroffen worden sein.

Foto 61 *Tylochromis lateralis*

Gattung Xenochromis

Eine im Jahre 1899 von BOULENGER aufgestellte Gattung, die bis heute monotypisch geblieben ist. *X. hecqui* BOULENGER, 1899, die einzige Art, lebt in tieferem bis tiefem Wasser von 20–125 m, meist über sandigem Grund oder verschlammtem Sandgrund. Die Fische werden bis knapp 30 cm lang und ernähren sich überwiegend von Krebstieren *(Copepoda)*. Über die Vermehrung ist nichts bekannt, wahrscheinlich kein Maulbrüter.

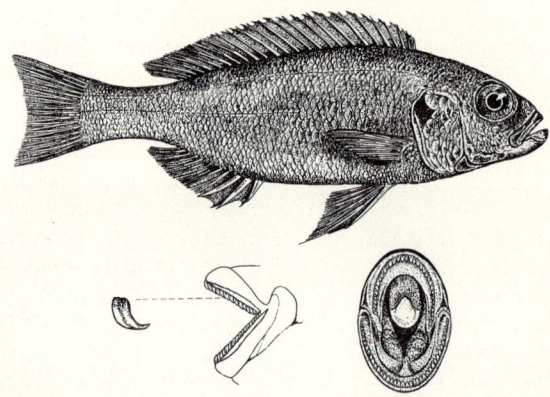

Abb. 50   *Xenochromis hecqui* ernährt sich in tieferem Wasser von Krebstieren (nach POLL)

Gattung Xenotilapia

Eine Gattung mit dreizehn endemisch im See vorkommenden Arten, die alle über auch aquaristisch interessante Merkmale verfügen. Eines davon sind die zu Stützapparaten umgebildeten Bauchflossen, bei denen nicht, wie meist üblich, der vordere Flossenstrahl, sondern deren hinterer verlängert ist. Ein weiteres Merkmal ist der Besitz einer dritten Seitenlinie. Die Arten leben meist über Sand und nie weit von den Felsrevieren entfernt in flachen, aber uferfernen Zonen. Sie haben sich auf den Verzehr von Krebstieren *(Copepoda)* mehr oder weniger spezialisiert. Die Maulbrüter produzieren bis zu 50 Eier. BOULENGER stellte die Gattung bereits 1899 auf und bestimmte *X. sima* zum Gattungstyp.

Xenotilapia boulengeri (POLL, 1942)

Die zuerst als *Enantiopus b.* beschriebene Art lebt, wie alle ihre Gattungsverwandten, über Sandgrund in Tiefen zwischen 2 und 50 m. Der Maulbrüter ist im See nirgends häufig und auch schwer zu fangen. Zudem sind sie schwer in Gefangenschaft einzugewöhnen, so daß oft größere Verlustraten entstehen — sicherlich ein Grund dafür, daß die Arten kaum eingeführt werden. Letzteres kann man wahrscheinlich auf die meisten *Xenotilapia*-Arten beziehen.

Die Tiere haben einen gestreckten Körper mit einem langgezogenen Schwanzstiel. Der Bauch ist abgeflacht, und die großen Augen stehen hoch am Kopf. Der silbrigbeige Körper wird zum Rücken hin dunkler. Man erkennt über dem Rücken undeutliche Ansätze von Querbinden. Vom Kiemendeckel aus ziehen mehrere himmelblaue Tüpfellängsreihen über den Körper. Am Rand des oberen Kiemendeckelbogens sitzt ein meergrüner Fleck. Die Rückenflosse ist transparent und trägt als Saum zwei übereinanderliegende Tüpfelreihen. Schwanz-, After- und Bauchflossen sind milchig trüb. Die beiden letzteren schimmern bisweilen grünlich. Das Maul steht tief unten am Kopf. Die Wangen zeigen verschieden starke bläuliche Linien. Der erwachsene Fisch erreicht eine Länge von etwa 15 cm.

Xenotilapia caudofasciata POLL, 1951

Etwa 16 cm wird diese Art lang; die Tiere haben einen weniger gestreckten Körper mit großem Kopf und großen Augen. Lebt in Tiefen zwischen 5 und 100 m. Maulbrüter mit Sexualdimorphismus (= Weibchen anders gefärbt als Männchen). Männliche Tiere von gelblich silbriger Grundfärbung und schwarzem Fleck auf dem oberen Kiemendeckelbogen. Rückenflosse grau milchig; Afterflosse klar; Schwanzflosse mit 3—4 schwarzen Vertikalbinden, die bei weiblichen Tieren fehlen. Diese sind im ganzen etwas größer und plumper.

Eine weitere, jedoch insgesamt schlankere Art ist *X. tenuidentata* POLL, 1951, deren Vertreter jedoch kleiner bleiben (8—10 cm) und äußerlich eher an einen *Lamprologus* erinnern, jedoch ebenfalls über die äußerlich erkennbaren Merkmale (s. Gattungsbeschreibung) und sehr lange Brustflossen verfügen. 5—6 dunkle Punkte liegen über den Flanken.

Xenotilapia melanogenys (BOULENGER, 1898)

Sehr gestreckte Art mit flacher Stirn, die in Tiefen zwischen 5 und 40 m vorkommt und mit 15 cm Länge ausgewachsen ist. Die Grundfärbung des schlanken Körpers ist silbrig. Alle Flossen, ausgenommen die Brustflossen, gelblich und mit blauer Musterung. Schwanz-, After- und Bauchflossen mit breiten rußigen Saum. Stimmungsbedingt zeigen die Tiere ein aus blassen schwärzlichen Punkten bestehendes Band in Längsrichtung über den Flanken. Weibchen blasser, ohne Flossenmusterung.

Weniger schlank, vor allem aber mit kürzerem Kopf und hoch am Kopf sitzenden großen Augen ist *X. nigrolabiata* POLL, 1951, der über Sand, aber in größeren Tiefen (bis 160 m) vorkommt und entsprechend dunkel gefärbt ist. Länge bis etwa 13 cm.

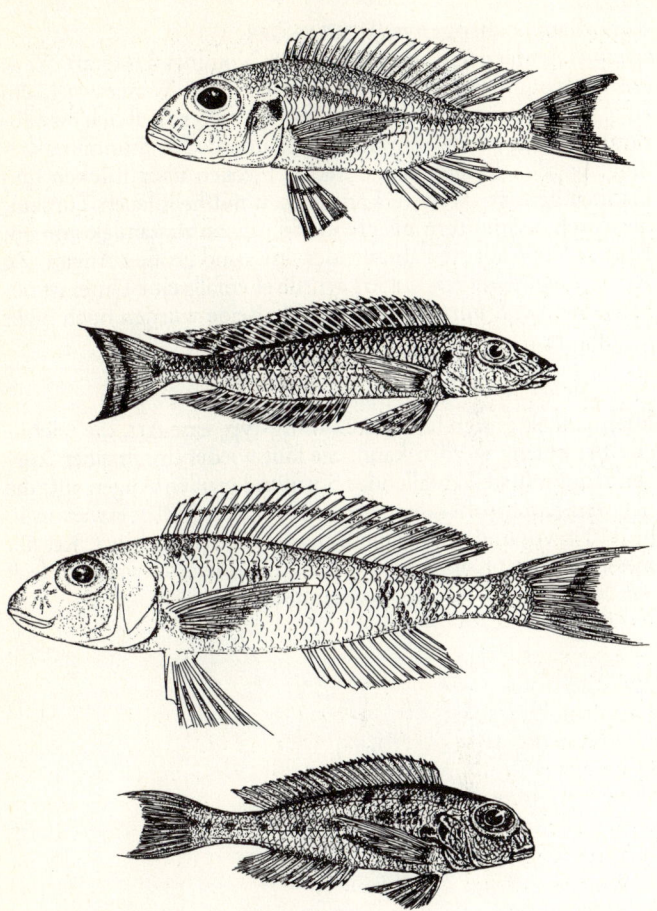

Abb. 51 *Xenotilapia caudofasciata* (nach POLL)
Xenotilapia melanogenys, ♂, (nach BOULENGER)
Xenotilapia ochrogenys bathyphilus (nach POLL)
Xenotilapia sima (nach BOULENGER)

Xenotilapia ochrogenys (BOULENGER, 1914)

In zwei Unterarten festgestellt, der Nominat-Unterart *X. o. ochrogenys* und *X. o. bathyphilus* POLL, 1956. Wird etwa 12 cm lang. Obere Körperhälfte hellbräunlich, untere gelblich bis silbrig; beide mit bläulichem Schimmer überdeckt. Stimmungsbedingt werden Reihen von dunklen Flecken über Rücken und Flanken gezeigt. Weitere Längsreihen mit hellblauen Tüpfeln, die durch perlmuttern irisierende Schuppen zustandekommen. Kurzer Kopf mit steil abfallender Stirn und großen Augen. Zu Art *X. longispinis* POLL, 1951 wurde ebenfalls eine Unterart beschrieben: *X. l. burtoni* POLL, 1951. Beide wurden noch nicht eingeführt.

Xenotilapia sima BOULENGER, 1899

Hier handelt es sich um den Gattungstyp, eine Art, die reichliche 16 cm lang werden kann. Sie fällt wieder durch einen kurzen Kopf mit steil abfallender Stirn und großen Augen auf, die über das Kopfprofil hinausragen. Kommt in Tiefen etwa von 10 bis 100 m vor und wird daher nur sehr selten eingeführt. Körper messingfarben; Kopf abgedunkelt, mit einem schwarzen Fleck auf dem hinteren Kiemendeckelrand.

Verzeichnis ergänzender Literatur

AXELROD, H.: „African Cichlids of Lakes Malawi and Tanga-njika". T. F. H. Publ., Inc., Neptune City, N. J., USA, 1973.

AXELROD, G. S.: „A new species of Tropheus from Lake Tanganyika". Spec. publ. 17, J. L. B. Smith Instit. of Ichthyol., Rhodes University, Grahamstown, South Africa, 1977.

AXELROD, G. S. & HARRISON, J. A.: „Simochromis margaretae, a new species of Cichlid Fish from Lake Tanganyika". Spec. publ. 19, J. L. B. Smith Instit. of Ichthyol., Rhodes University, Grahamstown, South Africa, 1978.

BOULENGER, G. A.: „Catalogue of the Freshwater Fishes of Africa", 1909/16; 4 volumes bound in two, 1882 Seiten, Nachdruck 1964, J. Cramer, Lehre.

BRICHARD, P.: „Fishes of Lake Tanganyika". T. F. H. Publ., Inc., Neptune City, N. J., USA, 1978.

MARLIER, G.: „Observations sur la biologie littorale du lac Tanganica". Rev. Zool. Bot. afr., 59. pp. 164–83, 1959.

MATTHES, H.: „Poissons nouveaux ou interessants du lac Tanganica et du Ruanda". Ann. Mus. Roy. de l'Afrique centrale, Sciences Zool., 111, pp. 27–88, 1962.

MAYLAND, H. J.: „Cichliden und Fischzucht", Landbuch-Verlag, Hannover, 1978.

NELISSEN, M.: „Contribution to the Ethology of Symochromis diagramma". Acta zool. et. pathol. Antverpiensia, 61, pp. 31–46, 1975.

NELISSEN, M. H. J.: „Description of Simochromis pleurospilus sp. nov., a sibling species of S. babaulti from Lake Tanganyika". Rev. Zool. afr., 92, 3, pp. 627–638, 1978.

NELISSEN, M. H. J.: „Rhythmus of activity of some Lake Tanganyika Cichlids". Ann. Soc. r. Zool. Belg., 107, fasc. 3–4, pp. 147–154, 1978.

POLL, M.: „Histoire du peuplement et origine des espèces de la faune ichthyologique du lac Tanganica". Ann. Soc. r. Zool. Belg., 81, pp. 111–40, 1950.

POLL, M.: „Écologie des poissons du lac Tanganica". XIV. Intern. Congr. Zool. 1953, pp. 465–68, Copenhagen 1956.

POLL, M.: „Exploration hydrobiologique du lac Tanganika, ›Poisson Cichlidae‹", Inst. r. Sci. nat. Belg., pp. 1–619, 1956.

POLL, M.: „Hemibates bellcrossi sp. n. du lac Tanganika". Rev. Zool. afr., 90, 4, pp. 1017–20, 1976.

POLL, M. & STEWART, D.: „Un nouvau Lamprologus du sud du lac Tanganika (Sambia)". Rev. Zool. afr., 91, 4, pp. 1047–56, 1977.

POLL, M.: „Contribution à la faune ichthyologique du lac Tanganika. Révision du genre Limnochromis REGAN, 1920. Description de trois genres nouveaux et d'une espèce nouvelle: Cyprichromis brieni". Annls Soc. r. zool. Belg., fasc. 1–4, pp. 163–179, 1981.

REGAN, C. T.: „The Classification of the Fishes of the Family Cichlidae. Ann. Mag. nat. Hist., Ser. 9, 5, pp. 33–53, 1920. I. The tanganyika Genera".

STAECK, W.: „Cichliden" Bd. I u. II, Pfriem, Wuppertal, 1974/1977.

STAECK, W.: „Ein neuer Cichlide aus dem südlichen Tanganjikasee: Lamprologus nkambae n. sp.". Rev. Zool. afr., 92, 2, pp. 436–41, 1978.

TREWAVAS, E. & POLL, M.: „Three new species and two new subspecies of the genus Lamprologus, Cichlid Fishes of Lake Tanganyika". Ann. r. Sci. nat. Belg., 28, 50, pp. 1–16, 1952.

Register nach wissenschaftlichen Namen

155

Register nach deutschen und landesüblichen Bezeichnungen

POSTKARTE

Das Aquarium

mit AQUA TERRA

Zeitschrift für Aquarien- und Terrarien-
freunde

erscheint monatlich zum Jahresbezugs-
preis von 42,— DM (1983) zuzügl. Porto

Albrecht Philler Verlag

Postfach 2860

4950 Minden

Bitte
freimachen

Absender
(Bitte Druckbuchstaben)

Vorname, Name

Straße

PLZ, Ort